당신의 꿈은
명작이 되기에 충분합니다.

이 책을 통해
당신의 꿈과 만나세요.
당신은 특별한 이야기의 주인공입니다.

내겐 꿈을 미룰 시간이 없다

조서연 지음

출판이안

내겐 **꿈**을 **미**를 **시**간이 없다

초판 인쇄 | 2015년 6월 1일
초판 발행 | 2015년 6월 4일

지은이 | 조서연
펴낸곳 | 출판이안

펴낸이 | 이인환
등 록 | 2010년 제2010-4호
편 집 | 이도경, 김민주
주 소 | 경기도 이천시 호법면 단천리 414-6
전 화 | 031)636-7464, 010-2538-8468
팩 스 | 070-8283-7467
인 쇄 | 이노비즈
이메일 | yakyeo@hanmail.net
홈카페 | http://cafe.daum.net/leeAn

ISBN 979-11-85772-12-7(03190)

값 13,800원

「이 도서의 국립중앙도서관 출판예정도서목록(CIP)은 서지정보유
통지원시스템 홈페이지(http://seoji.nl.go.kr)와 국가자료공동목록
시스템(http://www.nl.go.kr/kolisnet)에서 이용하실 수 있습니다.
(CIP제어번호: CIP2015013355)」

Prologue

당신은 창의적이고,
이미 자원을 갖고 있는
온전한 존재입니다.

이 책을 다 읽으신 후

너무 쉬워서 확인해 보고 싶은 마음이 든다면,

당신은 가슴 뛰는 소명을 만날 준비가 된 사람입니다.

이 책을 다 읽으신 후

나도 이 정도는 쓰겠다 싶은 마음이 든다면,

당신은 글을 쓰기 위해 충분히 준비가 된 사람입니다.

저는 당신에게 알려주고, 말해주고, 돕는 사람입니다.

누구에게나 감추고 싶은 비밀이 있습니다. 여러분은 어떤 비밀을 갖고 계시나요?

제게도 그런 비밀이 있습니다. 바로 스무 번이 넘는 이직경험입니다.

처음엔 이력서에 이직했던 경험들을 모두 써넣었습니다. 솔직해야 된다고 생각했습니다. 그러나 어느 순간 자주 바뀐 직업은 제가 끈기가 없고 노력을 하지 않는 사람으로 비칠 수도 있다는 생각에 적당히 뺐다 넣었다 하는 맞춤식 이력서를 쓰게 되었습니다.

그렇게 저의 스물두번의 이직은 부끄러운 이력으로 묻힐 뻔 했습니다.

그러나 세상은 참 공평합니다. 이력역전이 왔습니다.

감추고 싶었던 그 비밀은 제게 꿈의 재료가 되었습니다.

코치로서 강사로서 1인 기업가로서 저만의 전문분야를 갖게 되었기

때문입니다.

또한 이 글을 쓸 수 있는 빛나는 재료가 되었습니다.

앞을 보면서 점을 연결할 수는 없습니다. 뒤를 돌아보면서 연결할 수 있

을 뿐이지요. 그러므로 점들이 어떤 식으로든 연결된다는 걸 믿어야 합

니다. 여러분은 뭔가를 믿어야 합니다. 여러분의 직감, 운명, 인생, 카르

마 등, 그게 무엇이든 말이죠. 이런 삶의 방식은 저를 실망시킨 적이 없

습니다. 그리고 제 인생을 완전히 달라지게 했습니다.

- 스티브 잡스, '2005년 6월 스탠포드 대학 졸업식 연설' 중에서 -

얼마 전 존경하는 교수님의 연구실을 찾았을 때 제게 주신 글입니다.

이 문장을 통해 제가 해결하고 싶은 것을 발견할 수 있을 것이라는 직

감을 느꼈습니다.

저는 이 문장을 받는 순간 '점' 이라는 단어를 만났습니다.

저는 여러분이 지나온 과거의 '점' 을 미래의 '점' 으로 연결할 수 있

도록 돕는 사람입니다.

여러분이 원하는 관계, 여러분이 원하는 성과 그것이 어떤 '점'이든 당신을 도울 준비를 마쳤습니다.

여러분의 스토리를 제게 들려주세요. 미래의 희망으로 연결하도록 돕겠습니다.

이 책은 여러분에게 시간과 비용을 절약해 줄 것입니다.
천천히 자신과 만나는 시간을 갖으세요.
여러분도 저처럼 스스로 발견할 수 있습니다.

이 책을 통해 여러분은
1) 재능: 눈감고도 잘하는 일
2) 흥미: 시간가는 줄 모르고 몰입했던 일
3) 열정: 돈을 받지 않고도 계속 하고 싶은 일
4) 삶의 의도: 자신이 원하는 삶
5) 과거의 점: 사명
6) 미래의 점: 소명
7) 자신과 대화하는 방법을 찾을 수 있습니다.

당신의 과거를 통해 '보물'을 발견하세요.

당신이 원하는 미래의 '점'을 향해 방향을 설정하세요.

당신의 '진짜 친구'가 당신을 도울 것입니다.

시작하기엔 내일도 좋다.

그러나!

오늘이 더 좋다.

2015년 5월 9일

조서연

차 례

Prologue _ 5

Part1. 사례

평범한 사람들의 특별한 이야기입니다

사례1: 아버지의 기대를 채워드리고 싶어요 _ 15

사례2: 암이 내게 자유를 줬어요 _ 20

사례3: 나는 문제아였어요 _ 24

사례4: 아이를 책임지고 싶지 않아요 _ 29

Part2. 과거

당신의 과거는 '보물창고' 입니다 _ 37

1. 눈감고도 잘했던 동사를 찾아라 _ 40

2. 시간가는 줄 모르고 몰입했던 동사를 찾아라 _ 66

3. 자신이 꽤 괜찮은 사람처럼 느꼈던 동사를 찾아라 _ 80

4. 절대 포기할 수 없는 직업가치를 찾아라 _ 92

Part3. 미래

당신이 진짜 원하는 삶은 어떤 모습입니까? _ 113

---

1. 명료한 삶의 의도를 찾아라 _ 119

2. 가슴 뛰는 소명을 찾아라 _ 134

3. 원하는 것을 매일 상상하라 _ 151

Part4. 현재

당신에게 최고의 친구는 바로 '당신' 입니다 _ 161

1. 자신의 탁월함을 선언하라 _ 165

2. 자신을 칭찬하고 인정하라 _ 172

3. 하루에 3번 이상 감사함을 말하라 _ 179

4. 가장 쉽고 재미있는 작은 목표를 세워라 _ 183

5. 자신의 진짜 친구를 만나라 _ 189

Epilogue _ 201

Part1

·

사례

·

평범한 사람들의 특별한 이야기입니다.

할 수 있다고 생각하든

할 수 없다고 생각하든

당신의 생각이 맞다.

헨리포드

아버지의 기대를 채워드리고 싶어요

이경하 (가명, 42세, 여)

직업: 강사

사명: 최선을 다한 나 자신을 칭찬하라

소명: 공부로 힘든 청소년들에게 최선을 다한 자신을 칭찬하도록
　　　가르쳐 준다.

　　그녀는 수업 중 말을 잘 안했지만 가끔씩 대답을 할 때면 우리 모두
를 웃게 만들었다. 그러나 정작 발표를 해야 하는 시간이 되면 말을 하
다가 '아니에요. 다음에 할게요.', '아니에요. 정리되면 다시 말할게
요.', '아니에요. 별거 아니에요'라며 발표를 마치지 못했다.

　　어느 날 그녀는 입버릇처럼 "아니에요"로 말을 끝맺었다. 그녀는 그
런 자신의 말투를 인식하지 못하는 것 같았다.

　　"선생님은 정말 재밌게 말씀하시는 거 아세요?"

　　"네? 아니에요."

"하하하!"

그녀는 손사래를 쳤지만 모두들 그 말에 웃음을 터트렸다.

"보세요. 선생님의 '아니에요' 한마디에 모두 웃으시잖아요. 여러분은 어떻게 생각하세요? 이 선생님이 평소 말씀하실 때 참 재밌게 하시지 않나요?"

"맞아요. 참 재밌어요."

"예, 맞아요."

여기저기서 호응을 해주었다. 그녀는 눈이 동그래졌고 얼굴이 빨개졌다.

이후 나는 그녀를 더욱 눈 여겨 보았다. 그녀는 자신의 성격유형과 인식유형, 존재유형을 찾아가는 수업에 적극적으로 참여했다. 점점 시간이 흐르면서 입버릇처럼 따라다니던 "아니에요" 라는 말이 조금씩 사라졌다.

마지막 수업 날, 수강생들은 자신이 만든 비전보드를 들고 앞에 나가서 발표했다. 그녀는 자신의 비전보드를 설명했고 간간히 농담을 섞어 우리를 웃겼다. 그녀는 결혼 전 학원 강사를 했었고 그 외 몇 개의 직업을 더 가졌었다고 했다. 그녀는 아이들에게 재미있게 가르쳐 주는 강사가 되고 싶다고 했다.

수업이 종료된 후 그녀와 가끔 전화통화를 하며 안부를 묻는 사이가 되었다. 그녀는 자신이 하고 싶은 분야의 강좌를 찾았다고 했다. 몇 시간씩 걸리는 데도 불구하고 서울로 수업을 들으러 간다고 했다. 두 아이를 돌보며 하루 종일 참석해야 하는 강의라 부담이 되지만 재미있고 신난다고 했다.

그리고 1년 쯤 지나 우린 다시 만났다. 그녀는 그동안 자신이 해낸 것들을 이야기해 주었다. 그녀는 혼자 자신의 힘으로 강사가 되었다. 옷차림이 달라졌고, 말투가 달라졌다. 나는 진심으로 그녀의 변화를 축하해 주었다.

그리고 또 1년이 지났다. 다시 만난 그녀는 힘들어 보였다. 원하는 강사가 되었고, 고정 강의도 생겼는데 뭔가 답답하다고 했다. 그녀에게 물었다.

"선생님, 예전에 공부하실 때 찾으셨던 사명과 소명문장을 제게 말씀해 주실래요?"

그녀는 잊어버렸다고 했다. 목적지에 도착했는데 자기가 무슨 목적으로 그곳에 왔는지를 잊고 있었던 것이다.

그 후 우리는 몇 시간에 걸쳐 다시 작업을 했다. 그녀는 자신이 찾은 사명 문장을 보며 "맞아요, 이거에요. 내가 나를 칭찬하지 못했어요. 할수록 힘만 들고 공부해야 하는데 공부도 안 되고 이젠 어떤 공부를 해야 하는지도 모르겠고. 이런 나를 보고 남편은 그래서 뭘 하겠냐고 해요. 뭘 더해야 하죠?"

"선생님 그동안 열심히 노력해서 원하시는 강사가 되셨잖아요? 그런 선생님께 뭐라고 칭찬해주고 싶으세요?"

"칭찬이요? 뭐라고 하면 되죠?"

"어떤 말이든 한 번 해 보세요, 지금."

"지금요? 어떻게요? 생각 안 나는데요. 한 번도 칭찬받아 본 적이 없어서요."

"누구에게 가장 칭찬받고 싶으셨어요?"

"……?"

"…… 누구에게 가장 칭찬 받고 싶으세요?"

"… 아버지요."

그녀는 조용히 눈물을 흘렸다.

"난 아버지 기대를 채워주지 못했어요. 그래서 무슨 일을 할 때마다 이번 일은 아버지께 또 어떻게 비쳐질까 걱정해요. 제가 잘하는 모습을 보여드리고 싶은데, 절 자랑스러워했던 그 때처럼 하고 싶은데 잘 안 돼요. 지금도 더 뭔가 해야 할 거 같은데 뭘 해야 할지 모르겠어요. 성적이 점점 떨어져서 아버지가 원하는 대학을 못 갔죠. '쟤네들보다 왜 못하냐?'고 하셨어요. 지금도 그 말이 들리는 것 같아요. 다른 사람들보다 잘하고 싶은데, 더 강의를 많이 하고 싶은데……. 아버지께 자랑스러운 딸이 되고 싶은데……."

"힘드셨겠네요. 잘 하면 더 잘 하라고 하고 못 하면 왜 못 했냐며 끝이 없네요. 선생님은 최선을 다하셨는데……."

"……?"

"제가 하는 말 한 번 따라 해보실래요?"

"지금, 여기서요?"

"네, 어때요. 우리 둘이 있는데요. 다른 사람들 우리 신경 안 써요. 자, 오른 손을 가슴에 대고, '난 최선을 다했다. 잘했다. 충분히 잘했다.'라고 해보세요."

"…….잘 안 되는데요. 저 최선 다하지 않았는데요."

"최선을 다하지 않고도 그만큼 해내셨다면 더 잘 하신 거죠. 남들은 최선을 다하고도 결과가 안 나오는데요. 그게 선생님의 강점이에요. 남들보다 덜 해도 성과가 나오는 거."

그녀는 조심스럽게 자기 가슴을 두드리며 작은 소리로 말했다. 다시 한 번 하라고 했다.

"어렵네요. 잘하지 않았는데 잘했다고 하니까요"

그러면서 그녀는 활짝 웃었다.

"속이 후련해요. 내가 진짜 하고 싶은 게 이거였어요. 나를 칭찬하는 거. 제가 제 아이들에게도 칭찬을 못해요. 수업 나가서도 잘 못 따라오는 애들에게 화가 나요. 그런데 칭찬이 필요한 것은 아는데 어떻게 말하는지 모르니까 못하고 있어요. 아, 봉인이 풀린 기분이에요……."

아버지의 삶을 살아온 그녀, 원하는 결과를 얻고도 한 번도 자신을 칭찬해주지 못했던 그녀. 그녀가 자신을 칭찬하기 위해 노력한다.

자신을 칭찬해 본 사람만이 다른 사람을 칭찬할 수 있다. 그녀는 분명 아이들을 칭찬하며 가르치는 강사가 될 것임을 믿는다.

암이 내게 자유를 줬어요.

도희진 (가명, 44세, 여)
직업: 자연치유사, 강사, 사업가
사명: 자유롭게 하고 싶은 일을 해라
소명: 시댁에 얽매어 있는 여성들에게 자유롭게 하고 싶은 일을 하는
　　　방법을 알려준다.

　　첫 강의라서 일찍 자리배치를 마치고 워크지도 인원수대로 잘 정돈
해서 놓고 여유롭게 수강생을 맞이해야지 싶은 마음으로 강의장에 1시
간 일찍 도착했다. 음악을 틀고 여유롭게 자리를 배치한 후 워크지를
분리하고 있는데 강의실 문이 열렸다.
　　"안녕하세요."
　　그녀가 들어왔다. 순간 나는 당황했다. 미리 준비를 마치고 맞이하
려는 나의 계획에 차질이 생겼기 때문이다. 낯을 가리는지라 낯선 사
람과 둘이 있을 때 어떻게 해야 하나가 가장 고민이었다. 더구나 수강

생이면 내가 그들에게 편안한 느낌을 주어야 하는데 어쩌지 하는 걱정이 들었기 때문이다.

"제가 도와드릴까요?"

그녀가 물었다. 그 때 그녀의 에너지 넘치는 표정은 몇 년이 지난 지금도 기억에 생생하다. 나는 둘만이 있는 어색함을 없애려고 밝은 목소리로 답했다.

"그래 주실래요?"

나는 그녀에게 강좌에 등록한 이유와 어디 살고 계신지 등을 물었고 우린 이야기를 나누며 워크지를 함께 정리했다. 시원시원하게 자신의 이야기를 하는 그 분을 보며 나와 정반대의 성격을 가진 그녀에게 호기심이 생겼다. 그렇게 우리의 특별한 인연이 시작되었다. 그녀는 모든 과제를 신속 정확하게 했다. 작은 체구 어디에서 그런 에너지가 나오는 걸까?

그녀는 무슨 일을 해도 막힘이 없었다. 일단 긍정적인 대답이 먼저였다.

"한 번 해보죠 뭐."

정규과정이 끝나고 그녀는 내가 개인적으로 진행하는 코칭심화 과정에 등록했다. 그녀의 긍정적이고 대담한 행동이 어디로부터 나오는 걸까 내심 궁금했고 과정 안에서 그 궁금증이 해결되길 기대했다. 그녀가 찾은 소명의 대상은 의외였다.

그녀는 결혼해서 시댁식구, 남편에 얽매여서 하고 싶은 일을 못하는 여자들을 위해 기여하고 싶다고 했다.

"무엇이 선생님을 그렇게 긍정적인 자세로 움직이게 하나요?"

"암이요."

"암이요?"

"네, 전 유방암에 걸렸었고 지금은 병원을 다니며 정기검진을 하고 있어요."

순간 나는 당황했다.

"괜찮아요.…. 이젠 다 나았는걸요."

"보통 암 치료를 하면 머리도 빠지고…."

"맞아요. 다 빠지고 지금 다시 난 거예요. 원래는 생머리였는데 힘이 없으니까 곱슬머리가 되더라고요. 파마를 안 해서 좋긴 한데 말이죠."

"아, 항상 에너지가 넘치셔서 생각도 못했어요."

"좋은 거죠. 아픈 사람처럼 안 보이는 건…. 전 암에 걸려서 오히려 더 많은 것들을 얻었어요. 시댁눈치도 더 이상 안 보고요. 암 치료 받을 땐 친정 가서 1년 동안 내가 하고 싶은 거 마음대로 하면서 살았어요. 그러니까 암 걸리기 전보다 더 건강해졌다고 해야 하나. 의사도 놀라더라고요. 항암치료 받으면서 이렇게 얼굴이 좋은 사람이 없었대요. 암은 제게 자유를 줬어요. 고맙죠. 아니면 속 터져 죽었을 거예요. 암 때문에 살았어요."

그녀의 이야기를 들으며 소명의 대상이 가장 아픈 상처로부터 오는 것임을 다시 한 번 확인하게 되었다.

그 후 그녀는 자주 소식을 전했다. 그녀는 대학원에 진학했고 자연치유를 공부하고 있다. 자신과 정말 잘 맞는다고 했다. 다른 사람을 도울 수 있는 방법을 갖고 있어서 좋다고 했다. 그녀는 그렇게 성장하는 모습을 통해 나에게 감동을 주었다. 그녀가 내게 보내 준 이메일을 소개한다.

"막연했던 제 삶에 소명을 발견하게 된 것은 제 인생에 또 다른 전환점이 된 거 같아요. 누군가 '지금 이 순간 행복합니까?' 라고 물을 때면 전 망설임 없이 '네!' 라고 자신 있게 대답해요. 제 모든 상황이 좋아요. 이런 제가 정말 좋아요."

나는 문제아였어요

장미경 (가명, 35세, 여)

직업: 학습코치, 대학생

사명: 목표를 꿈꾸며 도전한다.

소명: 방황하는 청소년에게 목표를 꿈꾸고 도전하도록 지도한다.

"선생님, 청소년지도자는 아무나 될 수 있나요?"

"아마도, 아무나는 아니고 국가자격증이니까 해당학과를 졸업해야겠죠? 그리고 시험을 치루면?"

"그냥, 졸업만 하면 되는 건가요?"

"글쎄요……. 선생님께서 그것에 관심이 있으시다면 인터넷으로 자료를 한 번 찾아보시면 어떨까요?"

"네……."

"선생님, 선생님이 진짜 망설이는 이유가 무엇인가요?"

"……. 제가요, 학교 다닐 때 일진이었어요.……. 그런 애가 무슨 청소년지도를 한다고 그러냐고 할까 봐요."

"학교 다닐 때 아무 문제를 일으키지 않는 모범생이었다면 저랑 못 만나셨을 걸요?"

"왜요?"

"학교 선생님이 되셨을 수도 있고 아니면 어느 곳에서든 멋진 모습으로 잘 해내고 계셨을 테니까요. 그런 선생님께서 학습코칭을 배우러 여성회관에 나오셨겠어요? 안 그래요?"

"그런가요? 그죠?"

"선생님이 모범생이었으면 저도 선생님 안 만나요."

"왜요?"

"재미없잖아요. 고리타분하게 말을 잘 듣는 사람들….'

"하하하, 그럼 저는 자격이 되는 거네요."

"네 충분한 자격이 되세요. 가장 상처받았던 사람들이 자기의 상처를 치유하며 다시 그 상처를 보듬어 주러 그 길을 가는 거예요. 우린 그렇게 만났고요."

"그럼 선생님은 제가 청소년지도자가 되는 게 좋을 거 같으세요?"

"자, 그럼 우리 코칭대화로 한 번 풀어볼까요?"

"좋아요."

"좀 더 선생님에 대해 이야기해 주시겠어요?"

"처음엔 그냥 친구와 싸움을 했는데 제가 이겼어요. 제가 몸도 작고 키도 작은데 그 애를 이겼죠. 그러니까 친구들이 제게 관심을 갖더라고요. 그게 너무 좋았어요. 친구들과 거리를 활보하면 학교 애들이 인사를 해요. 진짜 뭐가 된 것 같은 기분이었어요. 그러면서 한편으로는 서로가 서로에게 왕따 당하지 않으려고 했어요. 누가 당할지 모르니까. 결국 내가 친구들에게 했던 것처럼 똑같이……. 왕따를 당했죠. 보복을 당한 거죠."

"그럼, 일진의 마음도 알고, 왕따를 시키는 마음도 알고, 왕따를 당해 본 마음도 이해하시겠네요?"

"당연하죠. 그 고통은요 말로 못해요. 아, 내가 일진 짱이었는데……. 왕따가 됐을 때 더 힘들었죠."

"일진의 마음도 알고 왕따 당한 마음도 알아요. 이런 청소년지도자가 선생님인 거죠. 그런 선생님 앞에 그 아이들이 있다고 생각해 보세요. 다른 사람들과 선생님은 무엇이 다를까요?"

"일단 다른 선생님들처럼 막 혼내진 않을 거 같아요. 전 공감을 잘하니까, 제 강점을 발휘하는 거죠. 와, 진짜 내가 그 일을 할 수 있다면 좋겠어요."

"그럼 그 일을 위해 이루고 싶은 목표가 있다면?"

"청소년지도사자격증 취득이요."

"자격증을 취득하기 위해 가장 어려운 장애물이 있다면요?"

"일단 대학에 들어가야 해요. 그런데 공부를 안 해 봐서 겁 나요. 남편도 허락 안 할 거 같고. 애들도 그렇고. 내가 그 공부를 해낼 수 있을지 걱정이에요"

"잘 해내고 싶으시군요."

"네. 그런데 잘 못할까 봐. 거 봐, 네가 하는 게 그렇지. 이렇게 생각할까 봐서요. 저도 저를 못 믿겠어요."

"그런 어려운 장애물에도 불구하고 자격증을 취득하기 위해 시도해 볼 수 있는 방법이 있다면 3가지만 말해 보세요."

"첫 번째는 남편에게 허락 구하기, 두 번째는 어느 과를 가야 좋을지 정하기, 세 번째는 가장 비용을 덜 들이고 공부할 수 있는 방법을 찾는 거요."

"그 중에서도 가장 먼저 시도해 보고 싶은 것은?"

"남편에게 허락 구하기요"

"남편에게 허락 구하는데 예상되는 어려움은?"

"돈, 집안일, 애들 문제….'

"누구의 어떤 도움이 필요할까요?"

"제가 스스로 해보겠어요. 이제껏 제가 진짜 원하는 게 뭔지 몰랐거든요. 이제 그걸 알았으니까 도와 달라고 요청해봐야겠어요. 아마 남편도 제가 오락가락 하니까 안 믿어줬던 거 같아요."

"그럼 남편에게 언제 그 이야기를 해보시겠어요?"

"시간 봐서요. 남편에게 맛있는 거 해주고 집안 정리정돈 싹 해놓고 기분 좋아 보일 때요."

"그게 언제쯤일까요?"

"늦어도 이번 1주일 안에는 해야죠."

"그럼 그것을 잘 실천하셨다는 걸. 제가 어떻게 점검해 드리면 편하시겠어요?"

"남편에게 말을 하고 결과를 카톡으로 알려드릴게요."

"오늘 대화를 나눈 후 본인에게 정리된 것들을 요약해주시겠어요?"

"제가 공부하는 걸 겁내고 있었구나, 그리고 사람들이 나를 어떻게 볼까 이런저런 생각을 하니까 하고 싶은 건지 안하고 싶은 건지 헷갈렸던 거 같아요. 마음을 정하고 나니까 가뿐해요. 애들한테 문제아도 이렇게 청소년지도자가 됐단다. 너희들도 맘만 먹으면 가능하다고 보여줄 수 있을 거 같아요."

그녀는 남편의 도움으로 공부를 시작했다. 시부모님께서도 그녀의 든든한 후원자가 되어 주셨다. 공부하는 며느리를 무엇보다도 자랑스럽게 여기신다고 했다. 무엇보다도 자녀에게 공부하는 엄마를 보여줄 수 있어서 좋다고 했다.

그녀가 선택한 미래를 응원한다.

나는 자녀를 책임지고 싶지 않아요

이소영 (가명, 42세, 여)

직업: 상담사, 사업가

사명: 자녀를 책임지고 현재를 즐겨라

소명: 자녀를 둔 한부모 가장이 자녀를 책임지며 현재를 즐길 수
　　　있도록 돕는다.

　"소영 씨와 이 작업을 할 수 있게 되어 감사합니다. 이 과정을 통해
소영 씨가 진짜 원하는 일이 무엇인지, 그 일을 통해 어떤 삶을 살고
싶으신지 찾게 되길 기대합니다. 소영 씨가 저와의 코칭을 통해 기대
하시는 결과는 무엇입니까?"

　"제가 상담사로서 프리랜서로 일할지 아니면 기관에 들어가서 사무
일도 하면서 월급쟁이로 해야 할지 결정할 수 있다면 좋을 거 같아요."

　"그것을 결정하는 게 소영 씨에게 중요한 이유는 무엇입니까?"

"제가 뭘 원하는지 알게 되면 마음이 편할 거 같아요. 지금은 좀 불안하거든요."

"무엇이 소영 씨를 불안하게 합니까?"

"돈이요. 프리랜서로 일하면 자유롭기는 하지만 수입이 일정치가 않겠죠? 그게 제일 불안해요. 그러면 제 아이도 불안함을 함께 느낄 거같아요."

"일정한 수입이 생기면 소영 씨와 아이가 함께 편안해 지는군요."

"네. 그래서 기관에 들어가고 싶은데, 한편으론 제가 하고 싶은 상담일보다는 사무일이 더 많은 곳이라서요. 그게 망설여져요."

"상담 대신 사무적인 일을 더 많이 하게 될까 봐 걱정이신 거군요. 맞나요?"

"그렇기도 하고. 어쨌든 내가 진짜 무얼 원하는 건지 알게 되면 프리랜서도 괜찮아요. 벌면 되니까요."

"그렇군요. 소영 씨가 진짜 원하는 게 뭔지 그것을 알고 싶으신 거군요? 그럼 시작하겠습니다."

그렇게 그녀와 사명과 소명 찾기 작업을 시작하게 되었고 우리의 작업의 결과로 그녀는 자신의 사명문장을 완성하게 되었다.

"자녀를 책임지고 현재를 즐겨라. 어떠세요. 소영 씨의 사명 문장을 보시면서?"

"맘에 안 들어요."

"그럼 문장을 바꾸셔도 됩니다. 다시 작업해 볼까요?"

"아뇨. 괜찮아요."

"어떤 부분이 맘에 안 드세요?"

"우리 엄만 날 책임지지 않았었는데 나는 책임지고 있는 거요."

"엄마는 하지 못한 것을 소영 씨가 해내는데……. 기쁨을 느끼기보다 다른 느낌이 드시나 봐요."

"책임지고 싶지 않은데……. 책임지고 있는 내가 싫어요. 즐겁지 않은데, 즐기라고 하니까……. 이런 내가…, 나는 즐겁지가 않아요. 아이를 책임지는 게."

"책임지고 있는 게 즐겁지가 않으시군요.……."

그녀는 자신의 이야기를 내게 들려주었다. 그녀는 한부모가정의 가장이었다.

"다른 한부모가정의 가장들 특히 여성들은 어떨 거 같으세요?"

"글쎄요. 저처럼 힘들까요?"

"네. 아마도……. 저도 그랬으니까요."

"그렇군요. 나만 힘든 게 아니군요."

"선생님께서 자녀를 책임지며 즐기고 있는 모습이 되셨을 때 무엇이 달라질까요?"

"저처럼 힘든 사람들에게 도움을 주고 있겠죠?"

"그분들께 롤모델이 되겠네요. 소영 씨는?"

"그러네요. 지금은 좀 힘들지만, 그렇게만 된다면 좋죠. 제가 사실 일하러 갈까 말까 망설이는 곳이 가정지원 센터거든요."

"그곳에서 근무하게 된다면 그 기관은 선생님께 어떤 도움이 될까요?"

"실제로 도움을 줄 수 있는 방법들을 알 수 있고 또 사업을 추진할 수도 있겠죠?"

"그렇군요.……. 그럼 거기서 소영 씨가 하고 싶은 상담도 하실 수 있나요?"

"아마도? 조금 경력이 쌓이면 가능하지 않을까요? 업무란 게 조금씩 바뀌니까요."

"그곳에서 근무하게 되셨을 때 또 어떤 유익이 있나요?"

"고정급을 받게 되니까 마음이 편안해질 거 같아요. 그럼 아이도 편안해지고…"

"그렇군요. ……. 처음에 이 과정을 시작하기 전 기대하셨던 결과가 있으신데 어떤 도움이 되셨나요?"

"얘기하면서 '아, 내가 내 아이를 키우는 이 시간을 즐기고 있지 못하고 있구나. 나의 성공에 방해가 된다고 생각하고 있었구나.'를 알게 되었네요. 내가 성공하고 싶어 하는 사람이란 걸 처음 알게 된 거 같아요. 또 내가 고정급을 필요로 하는구나. 그럼 좀 더 쉬운 방법으로 시작하는 것도 괜찮겠다. 마음이 편해지고 여유로워지면 다시 내가 하고 싶은 일만 하면 되겠구나 생각이 드네요. 그리고 내가 나처럼 힘든 사람을 돕고 싶어 하다니. 좀 괜찮은 사람 같기도 하네요. 일단 계약직이니까 들어가 보고 안 되면 다시 나와서 다른 일을 알아보는 게 좋겠네요."

1년 후 소영 씨는 계약직에서 정규직이 되었고, 업무능력을 인정받아

팀장으로 승진하게 되었다. 현재는 자신의 업무가 한부모가장을 위한 일을 할 수 있는 상황은 아니라고 했다. 조금 미뤄지고 있다고 하면서 "이젠 좀 제 삶을 즐겨보려구요."라고 말했다.

소영 씨의 목소리는 편안하게 들렸다.

그녀는 책임지는 사람이다. 지금처럼 자녀를 책임질 것이고, 자신의 삶을 즐기는 사람이 될 것이다. 한부모가장들에게 자녀를 책임지고 자기 삶을 즐길 줄 아는 롤모델이 될 것이다. 그녀는 해 낼 것이다, 분명.

- 위의 모든 사례는 사례자의 동의를 받아 작성한 것입니다. -

Part2

●

과거

●

당신의 과거는 '보물창고' 입니다

우리가 지나온 생의 특정한 장소로 갈 때
우리 자신을 향한 여행도 시작된다.

영화 리스본야간열차의 대사 중

당신의 과거는 '보물창고' 입니다

여러분은 재미있는 일을 하고 싶나요?

아니면 잘하는 일을 하고 싶나요?

누구나 재밌으면서도 잘하는 일을 하고 싶을 것입니다. 그러면 어떤 일이 재밌는 일일까요? 대부분의 사람들은 그런 일이 없을 거라고 말합니다.

그런데 어떤 사람들은 재밌게 잘하는 일을 하고 있습니다. 어떻게 그게 가능했을까요?

코칭공부를 시작하면서 강점에 집중하게 되었습니다. 아무리 노력해도 안 되는 것에 시간을 쏟는 것보다 자신의 강점을 더 키우는 것이 훨씬 효과적이라는 걸 알았습니다. 약점이 보완되지 않으면 다른 사람의 도움을 받으면 된다는 것도 알았습니다.

정말 쉽지 않으요? 잘 하는 것에 집중하니까 일이 재밌어졌습니다. 재밌으니까 더 잘하고 싶고 집중하고 몰입하게 됐습니다.

그런 강점을 찾기가 쉽냐고요? 강점을 찾는 방법들은 많이 있습니다. 저는 그 중에 강점을 쉽게 찾는 방법을 알려드릴 것입니다.

잘하는 일(재능 또는 강점)이란 '눈감고도 잘 하는 일'을 말합니다.

아니 세상에! 눈감고도 잘하려면 얼마나 노력해야 하는지 아느냐 반문할지도 모릅니다. 저도 그런 줄 알았습니다. 성과가 나면 모르겠지만 성과도 없이 매일 노력해야 하면 정말 힘이 듭니다. 그러면 포기하게 됩니다.

눈 감고도 잘 하는 일을 자신의 일과 연결시켜야 합니다. 그래서 자신이 하는 일이 내일도 모레도 쉽게 느껴져야 합니다.

이것은 쉬운 일만 한다는 것과는 다릅니다. 일이 쉽게 느껴지면 사람은 다시 높은 목표를 세워 도전합니다. 그것 역시 눈감고도 잘하는 일을 통해 하기 때문에 잘하게 되고 재밌어 지고 그러면 장애물이 생겨도 포기하지 않습니다.

중요한 건 여러분에게도 눈감고도 잘하는 일이 있다는 것입니다. 그것을 시간가는 줄 모르고 했던 일이 있다는 것입니다.

이제부터 그것을 함께 찾을 것입니다.

이 과정을 통해 여러분은

1. 자신이 잘 할 수 있는 일을 찾을 수 있습니다.
2. 자신에게 맞는 직업 환경을 알 수 있습니다.
3. 자신에게 의미 있는 일을 찾을 수 있습니다.

이 과정은 마음이 편안하고 여유로운 상태에서 시작하는 게 좋습니다. 또한 한 번으로 끝나는 일이 아닙니다. 아주 오랫동안 시간이 걸리는 과정입니다. 중요한 것은 여러분이 이것을 유치하다고 멈추는 대신 계속 하는 것입니다.

저는 5년 동안 이 작업을 했고 앞으로도 계속 할 것입니다. 이 여행이 끝나면 여러분이 눈감고도 잘하는 일들이 얼마나 많은지 놀랄 것입니다. 또한 자신의 과거를 더욱 사랑하게 될 것입니다.

이제 함께 여행을 시작하겠습니다.

1. 눈감고도 잘했던 동사를 찾아라

여러분이 기억하는 가장 어린 시절로 돌아갑니다.

눈감고도 잘했던 것들을 떠올려 봅니다. 노력해서가 아닌 그냥 잘한 것들을 떠올리면 됩니다.

오히려 너무 쉬워서 이게 잘하는 일일까라고 생각했던 것들을 적습니다. 많으면 많을수록 좋습니다. 자유롭게 쓰십시오.

여러분의 이해를 돕기 위해 저의 경험을 공유합니다.

(이 작업을 하기 위한 전용 노트를 하나 준비하시면 더 좋습니다. 나중에 소중한 자료가 됩니다)

눈감고도 잘했던 경험	동사	다중지능영역
1. 멍 때리기	생각한다	자기성찰지능
2. 못질하기, 톱질하기	만든다	신체운동지능
3. 친구들과 누구네 집에서 잘지 어디서 모일지 주동한다.	주동한다	언어지능
4. 뭐 재밌는 일 없나 일을 꾸민다.	만든다	대인관계지능
5. 책을 읽으며 혼자 공주가 되어 본다.	상상한다	자기성찰지능
6. 엄마에게 말대꾸한다.	말한다	언어지능
7. 다른 사람들 얘기하는 거 들으면서 '왜 저렇게 했지, 그게 맞을까 등등' 속으로 궁시렁 거린다.	속으로 말한다	자기성찰지능
8. 글짓기	쓴다	언어지능
9. 어떻게 하면 공부를 안 하고도 성적을 낼까 고민하기	찾는다	자기성찰지능
10. 내 귀에 낯선 단어를 곱씹어 보기	분석한다	자기성찰지능
과거의 경험 속에서 찾은 공통점은?	눈감고도 잘 하는 동사 3가지는?	
뭔가 늘 생각한다.	1. 생각한다 (자기성찰지능)	
	2. 말한다 (언어지능)	
	3. 만든다 (신체운동지능)	

- 멍 때리기

멍 때리는 게 무슨 재능이냐고 하실지 모르지만 저는 지금도 하루에 몇 시간씩 멍을 때립니다. 그러다 어떤 생각을 잡습니다. 그리고 그것을 프로그램으로 만들어 냅니다.

물론 전에는 몰랐습니다. 그냥 나쁜 습관이라고 생각했습니다. 이것이 저의 재능인지 몰랐습니다. 아무도 재능이라고 알려주지 않았기 때문입니다.

"멍 때리는 것도 재능이야. 해리포터 작가 봐봐. 멍 때린 거 쓴 거잖아."

저와 함께 한 동료코치가 아이들에게 말해줬습니다. 그 때 이 말이 신선하게 들렸습니다. 처음엔 아이들을 힘나게 하려고 하는 말인 줄 알았습니다. 그런데 그 말에 귀를 기울이며 저도 자신에게 말해 보았습니다.

'재능이야? 아, 나도 멍 자주 때리는데. 이것도 재능이구나.'

그 말은 제 귀에 들리고 가슴으로 들어왔습니다. 그리고 한 해, 두 해 계속 시간이 가면서 정말 멍 때리는 게 눈감고도 잘하는 일처럼 생각이 들었습니다. 그렇게 생각하니 재능이 되었습니다.

지금은 멍 때리는 시간을 통해 생각들을 잡아 아이디어를 탄생시킵니다.

이 재능은 사람들이 잘 몰라봅니다. 그래서 자신이 그렇다고 생각해야 재능이 됩니다. 재능이라고 생각하니 멍하고 있는 시간동안 내 머리 속을 지나가는 생각들을 알아차리는 게 참 재밌습니다. 그리고 어떤 생각을 재빠르게 잡습니다.

이 재능은 모든 재능의 기본이지만 어떤 결과가 나오기 전까지는 확인할 길이 없습니다.

그러나 세상의 모든 것들은 생각하는 것을 통해 외부로 나옵니다. 멍 때리기를 멋지게 표현한다면 사색한다?

- 엄마에게 말대꾸한다

"조 선생님은 가르치려드는 게 있어요."

어느 날, 상담 선배 두 분과 집단모임을 하게 되었는데 두 분이 제게 똑같은 말을 했습니다. 이 말을 들었을 때 저는 몹시 당황했습니다.

'나는 알려주려고 말한 건데 그게 가르치는 거로 들리는구나. 그들이 기분 나빠 하는구나.'

선배들의 말을 들으니 생각나는 것이 있었습니다.

저는 교육을 받으면 그것을 다른 동료들에게 말해 주었습니다.

코칭교육은 비용이 비싸기 때문에 듣고 싶은 강의를 다 들을 수가 없었습니다.

저는 들으면 배우고, 배우면 적용하는 사람이었기 때문에 그들이 받은 교육을 저에게 말해주길 바랐습니다. 그래서 저도 교육받은 내용을 그들에게 말했습니다.

"교육을 받고 오면 우리들에게 다 말하네요."

동료가 제게 이렇게 말할 때 느낌은 말하지 말라는 뜻 같았습니다. 상대방이 듣기 불편하다고 표현하지 않았기 때문에 눈치 없이 제가 계속하고 있는 것을 알았습니다. 저도 모르게 다른 사람에게 말하고 있는 저를 발견했습니다.

어릴 때 엄마에게 말대꾸를 잘했습니다. 그냥 저의 생각을 말한 것입니다.

"입만 살았다. 너도 너랑 똑같은 딸 낳아서 당해봐라"

화가 나신 엄마는 말대꾸하는 저를 혼 내셨습니다.

저는 생각 없이 말하는 사람이었습니다. 그래서 사람들에게 말로 상처를 많이 줬습니다. 정확히 말하면 생각 없이 말한 게 아니라 '생각을 말한 것' 입니다.

모든 생각을 말로 다 표현하면 안 되는 걸 몰랐습니다. 아는 것을 말한다는 것, 지금은 강사로서 알려줘야 하는 일에 아주 유용하게 쓰이는 재능입니다.

이런 것들이 잘하는 것(재능)인 줄 모르는 이유는 긍정적인 상황에서는 칭찬받은 경험이 없고, 부정적인 상황에서는 계속 비난을 받았기 때문입니다.

제가 40년 동안 말하는 게 눈감고도 잘하는 것이라는 것을 몰랐던 이유입니다.

여러분도 분명 이런 경험이 있을 것입니다.

자신만의 노트에 써보세요.

어떤 부정적인 이야길 들었다면 분명 여러분이 눈감고도 잘하는 재능입니다. 긍정적인 상황으로 바꿀 수 있습니다.

– 못질하기, 톱질하기

중학교 2학년 때 실과 시간에 자신이 원하는 것을 만들어 오는 과제가 있었습니다.

저는 못질과 망치질, 톱질하는 것을 좋아했습니다. 그래서 자신 있었습니다. 조금 욕심을 부렸습니다. 내 키 높이만한 3단 장식장을 만들기로 했습니다. 네 개의 기둥을 세우고 그 사이에 판자를 연결하여 간단한 장식품을 올려놓는 것을 생각하고 만들기 시작했습니다. 기둥에 못을 박고 판자를 연결하는 게 쉽지 않았습니다. 누가 도와주면 가능했겠지만 혼자하려니 힘들었습니다. 하다가 그만둘까도 생각했습니다. 눈물이 났지만 그래도 전 해내고 싶었습니다. 그렇게 밤을 새워 완성했습니다.

그것을 아침에 머리에 이고 학교에 갔습니다. 여학생인 제가 아침 등굣길에 그것을 이고 갔던 것은 당연히 선생님에게 칭찬받고 만점을 받을 것이라고 생각했기 때문입니다. 그런데 선생님은 제 장식장을 보시고 충격적인 말을 했습니다.

"이것은 여자애가 만든 게 아니다. 남자가 만든 것이다. 여자가 이렇게 만들 수는 없다. 너는 남이 만든 것을 갖고 온 것이다."

저는 아니라고 했습니다. 제가 직접 만들었다고 했습니다. 선생님은 믿지 않았습니다. 결국 실과 점수는 필기를 합해서 60점대를 받았습니다.

저는 그때 1등을 목표로 하고 있었는데 형편없는 그 점수를 보는 순간 정말 화가 났습니다. 그 후로 만들기를 멈췄습니다. 지금도 그때 담임선생님을 생각하면 화가 납니다.

그 후 집에서 못질하고 톱질하는 저를 보고 엄마가 말했습니다.

"여자가 못질하면 팔자가 사납다. 하지 마라"

가끔 그때 제가 칭찬을 받았더라면 어땠을까 생각해 봅니다.

지금은 그렇게 만드는 재능이 강의에 사용할 PPT를 만들고 프로그램을 만듭니다. 못질 대신 컴퓨터 마우스와 키보드를 사용합니다. 만들때 기분이 아주 좋습니다. PPT를 만들 때 시간이 많이 걸립니다. PPT 만드는 방법을 따로 배우지 않았기 때문입니다.

그러나 시간이 많이 드는데 따른 이득이 있어 계속 저의 방법을 고수합니다. 만드는 동안 강의내용이 다 외워집니다. 만드는 동안 생각하고 속으로 말하면서 만드니 따로 외울 필요가 없습니다.

여러분은 어떻습니까? 저와 같은 기억이 있으신가요?

저처럼 누군가로부터 비난받았던 그 일이 자신이 눈감고도 잘하는 일입니다. 자신도 모르게 잘 해왔던 일입니다.

다시 한 번 기억을 더듬어 보십시오.

TIP. 눈감고도 잘할 수 있는 동사를 쉽게 찾는 방법

1. 자신이 누군가에게 칭찬 받았던 경험을 떠올려 본다.
2. 누군가에게 칭찬을 들었는데 그게 당연한 것이어서 어색했던 경험을 떠올려 본다.
3. 누군가에게 어떤 행동으로 인해 비난 받았던 경험을 떠올려 본다.

적어도 10개의 기억을 찾으세요. 동사가 생각이 안 날 경우 뒷면의 동사표를 참조 하세요. 그리고 다중지능의 각 영역별 특징을 살펴보고 해당 지능을 적어보세요.

눈감고도 잘했던 경험	동사	다중지능영역

과거의 경험 속에서 찾은 공통점은?	눈감고도 잘 하는 동사 3가지는?
	1.
	2.
	3.

– 동사표

경영한다	기쁨을 준다	고친다	가르친다	경청한다
고안한다	감독한다	깬다	공감한다	개선한다
공유한다	경쟁한다	관리한다	감동시킨다	강화시킨다
감상한다	감소시킨다	고양시킨다	갱신한다	깨닫게 한다
고쳐한다	개정한다	구축하다	결합시킨다	교육한다
결정한다	꿈꾼다	관찰한다	그린다	거래한다
갖는다	격려한다	기획한다	공연한다	계산한다
갱신하다	나눈다	논다	노래한다	동기를 부여한다
돌본다	도전한다	다가간다	다룬다	대항한다
다듬는다	디자인한다	달린다	대접한다	돕는다
명령한다	만난다	모험한다	말한다	믿는다
모방한다	만든다	묵상한다	모은다	봉사한다
분별한다	변호한다	분류한다	분석한다	빛나게 한다
반복한다	발견한다	반영한다	발굴한다	본다
보여준다	발전시킨다	방어한다	보유한다	부흥시킨다
분배한다	보호한다	번역한다	부여한다	배운다
상담한다	식별한다	수배한다	설명한다	시도한다
시작한다	사랑한다	시킨다	사용한다	설득한다
수여한다	선발한다	성취한다	세운다	소유한다
수선한다	수행한다	선택한다	쓴다	쌓는다
설계한다	심사한다	사색한다	생산한다	실험하다
승인한다	수집한다	인식한다	요리한다	움직인다
완수한다	영향을 미친다	의사소통 한다	일깨운다	연결시킨다
용서한다	일한다	알려준다	유도한다	열중한다
이끈다	유지한다	육성한다	이행한다	요구한다
인도한다	위임한다	이해시킨다	이해한다	완수한다
연주한다	약속한다	운동한다	원활하게 한다	완성한다
이끌어낸다	연출한다	운영한다	운전한다	연기한다
안내한다	여행한다	웃음을 준다	연구한다	안다
존경한다	조직한다	즐겁게 한다	적용시킨다	지원한다
진행한다	준비한다	종사한다	조사한다	작곡한다
주장한다	지속한다	제시한다	주시한다	진행시킨다
점화한다	조율한다	지지한다	지원한다	주최한다

적용하다	제공한다	전진한다	전달한다	짓는다
정리한다	장려한다	질문한다	지휘한다	제작한다
치료한다	치유한다	즐긴다	찾는다	주장한다
춤춘다	추진한다	칭찬한다	촉진한다	창조한다
쫓는다	코칭한다	추구한다	착수한다	참여한다
통과시킨다	탐험한다	통합한다	캐낸다	키운다
통합한다	판단한다	토론한다	타협한다	탐사한다
평가한다	표현한다	평정시킨다	판매한다	포용한다
확장시킨다	활용한다	협상한다	편집한다	푼다
획득한다	회복시킨다	희생한다	향상시킨다	푼다
힘쓴다	흥분시킨다	해방시킨다	확정한다	협력한다
학습한다	형성한다	해결한다	해결한다	활발하게 한다
확인한다	힘을 준다			

- 다중지능 영역별 특징

다중지능영역	다중지능 영역별 특징
음악지능	소리, 리듬, 진동과 같은 음의 세계에 민감하고, 사람의 목소리와 같은 언어적인 형태의 소리뿐만 아니라 비언어적 소리에도 예민합니다. 음악의 형태를 잘 감지하고, 음악적 유형을 잘 구별할 뿐만 아니라 다른 음악 형태로 변형시키기도 합니다. 우리가 일반적으로 알고 있는 음악가들에게 높은 지능입니다.
신체·운동지능	생각이나 느낌을 글이나 그림보다는 몸동작으로 표현하는 능력이 뛰어납니다. 또 손으로 다루는 능력이 뛰어나 손재주가 있다는 말을 많이 듣습니다. 운동선수들이 운동을 그만두고 연예인이 되는 경우를 많이 보는데 두 직업 모두 신체운동지능을 필요로 하기 때문입니다.

논리수리지능	보통 아이큐라고 부르는 지능입니다. 논리 수리적 지능이 높은 사람은 논리적 과정에 대한 문제들을 보통 사람들보다 훨씬 빠른 속도로 해결하는 능력을 갖고 있습니다. 같은 작가라 하더라도 논리수리지능이 높고 낮음에 따라 글 쓰는 영역이 달라질 수 있습니다.
언어지능	단어의 소리, 리듬, 의미에 대한 감수성이 뛰어나고 말과 글로써 자신의 생각과 감정을 표현하며, 다른 사람의 말과 글을 잘 이해할 수 있는 능력입니다.
공간지각지능	머릿속으로 색깔, 선, 모양, 형태, 공간에 대한 그림을 보지 않고도 그리거나 상상할 수 있는 능력입니다. 지도를 보고 낯선 곳을 찾아가거나 운전 시 후진, 주차 이런 것을 잘하는 것도 이 능력에 포함됩니다.
대인관계지능	다른 사람들의 기분, 감정, 의향, 동기 등을 인식하고 구분할 수 있는 능력과 얼굴 표정, 음성, 몸짓 등 대인관계에서 나타나는 여러 가지 다양한 힌트, 신호, 단서, 암시 등을 변별하는 역량, 또 이들에 효율적으로 대처하는 능력입니다.
자기성찰지능	자신의 생각, 감정, 행동을 관찰하고 이해하고, 조절할 수 있는 능력을 말합니다. 말 또는 글 또는 어떤 형태로든 들어나지 않는 한 인식하기 어렵습니다.
자연친화지능	자연 현상에 대한 유형을 규정하고 분류하는 능력을 말합니다. 어떤 식물이나 동물에 대한 관찰, 기후 형태의 변화에 대한 탐구, 보호하는 능력을 나타냅니다.

* 다중지능의 특징: 커리어넷, 워크넷 참조

눈감고도 잘했던 일을 찾는 동안 여러분은 어떤 기분이 들었나요? 너무 익숙해서 잘하는 것인 줄 몰랐을 수 있습니다. 당연해서 칭찬 받으면 오히려 어색했을 수 있습니다. 어떤 사건으로 인해 그것을 멈췄을 수도 있습니다.

그러나 여러분은 지금도 계속 그것을 하고 있습니다. 내가 못 알아차리는 것뿐입니다. 그러니 실망하지 말고 계속 이 과정을 반복해 보세요.

여러분의 과거는 보물창고입니다. 수시로 여러분의 보물창고에 들리시길 기대합니다.

여러분이 원하는 미래로 가는 길, 바로 여러분의 과거에 지름길이 있습니다. 저처럼 보물을 찾아낼 수 있을 것입니다.

검사를 통해서 찾는 방법도 있습니다. 자신이 찾은 것과 비교해 보세요.

- 커리어넷을 통해 검사하기

1. 중, 고등학생일 경우 커리어넷 가입-진로심리검사-직업적성검사하기
2. 대학생/일반인일 경우 커리어넷 가입-진로심리검사-주요능력효능검사하기

커리어넷 검사는 중고등학생일 경우 11가지 영역, 성인용은 9가지 영역별 검사를 실시합니다.

여러분의 이해를 돕기 위해 저의 커리어넷 검사 결과를 공유합니다.

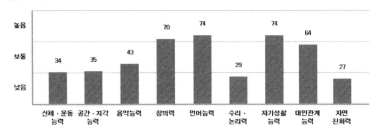

여러분의 경험을 통해 찾은 영역과 검사를 통해 얻은 결과표는 어떻습니까? 저처럼 일치하나요? 다중지능은 노력을 통해 어느 정도 보완할 수 있습니다. 보완방법은 중고등학생용으로 직업적성검사를 실시하면 결과표에 각 영역별 보완방법이 나와 있습니다. 저는 이 검사를 주기적으로 해왔습니다. 왜냐하면 제가 노력한 부분이 어느 정도 점수가 올라갔는지 확인하고 싶었기 때문입니다. 이 검사를 처음 할 때 대인관계지능이 낮았었습니다. 그러나 강사를 하기 위해서는 이 부분을 보완할 필요가 있다고 생각되어 나름의 방법으로 노력을 했습니다. 4위까지 오른 것을 보니 흐뭇합니다. 그러나 여러분이 처음 이 검사를 한다면 3~4개의 강점부분에 집중하세요. 자신의 강점을 더욱 보완할 방법을 찾으시면 더욱 좋습니다. 또한 3~4개의 강점지능안에 자기성찰지능은 필수입니다. 여러 연구를 통해 자기성찰지능이 성공을 좌우한다는 결과가 나왔기 때문입니다. 그러므로 자기성찰지능이 낮다면

꾸준히 보완하셔야 합니다. 가장 쉽고 재밌는 자신만의 방법으로 보완하세요.

이제 여러분이 찾았던 눈감고도 잘했던 동사를 발휘할 수 있는 직업을 찾아보겠습니다. 아래의 표를 보고 눈감고도 잘 하는 동사 3가지 중 어느 하나라도 발휘할 수 있는 직업이라고 생각되는 직업 중 마음에 드는 직업에 모두 동그라미 해보세요.

아래의 표에 없는 직업일 경우 직접 그 직업을 써넣으면 됩니다.

다중지능 영역	다중지능 영역별 직업
음악지능	음악가(성악가, 연주가, 작곡가, 지휘자 등) 음악치료사, 음향 기술자, 음악평론가, 피아노 조율사, DJ, 가수, 댄서, 음악 교사, 음반 제작자, 영화 음악 작곡가, 반주자, 음악 공연 연출가 등
신체 · 운동지능	안무가, 무용가, 엔지니어, 운동선수, 스포츠 해설가, 체육학자, 외과 의사, 공학자, 물리 치료사, 레크레이션 지도자, 배우, 무용교사, 체육교사, 보석 세공인, 군인, 스포츠 에이전트, 경락 마사지사, 발레리나, 산악인, 치어리더, 경찰, 체육관 관장, 경호원, 뮤지컬 배우, 조각가, 도예가, 사회체육지도자, 건축가, 정비 기술자, 카레이서, 파일럿 놀이치료사 등
논리수리지능	엔지니어, 수학자, 물리학자, 과학자, 은행원, 컴퓨터 프로그래머, 구매 대리인, 생활 설계사, 공인회계사, 회계 감시원, 회사원(경리, 회계업무), 탐정, 의사, 수학 교사, 과학 교사, 법조인, 정보기관원 등.

언어지능	작가, 사서, 방송인, 기자, 언어학자, 연설가, 변호사, 영업사원, 정치가, 설교자, 학원 강사, 외교관, 성우, 번역가, 통역사, 문학 평론가, 방송 프로듀서, 판매원, 개그맨, 경영자, 아나운서, 시인, 리포터 등
공간지각지능	조각가, 항해사, 디자이너(인테리어, 게임, 헤어, 웹, 무대, 컴퓨터 그래픽 등의 분야), 엔지니어, 화가, 건축가, 설계사, 사진사, 파일럿, 코디네이터, 애니메이터, 공예사, 미술 교사, 탐험가, 택시 운전사, 화장품 관련 직업, 동화 작가, 요리사, 외과 의사, 치과 의사, 큐레이터, 서예가, 일러스트레이터 등.
대인관계지능	사회학자, 학교 교장, 정치가, 종교 지도자, 사회 운동가, 웨딩 플래너, 사회 단체 위원, 기업 경영자, 호텔 경영자, 정신과 의사, 카운슬러, 법조인, 배우, 이벤트 사업가, 외교관 정치가, 호텔리어, 방송 프로듀서, 간호사, 사회복지사, 교사, 개인 사업가(상업, 중소기업), 회사원(인사관련), 영업 사원, 개그맨, 유치원이나 어린이집 교사, 경찰관, 비서, 가정 방문 학습지 교사, 승무원, 판매원, 선교사, 상담원, 마케팅 조사원, 컨설턴트, 펀드 매니저, 교육 사업가, 관광 가이드 등
자기성찰지능	신학자, 심리학자, 작가, 발명가, 정신분석학자, 성직자, 작곡가, 기업가, 예술인, 심리 치료사, 심령술사, 역술인, 자기 인식 훈련 프로그램 지도자 등.
자연친화지능	유전 공학자, 식물학자, 생물학자, 수의사, 농화학자, 조류학자, 천문학자, 고고학자, 한의사, 의사, 약사, 환경 운동가, 농장 운영자, 조리사, 동물 조련사, 요리 평론가, 식물도감 제작자, 원예가, 약초 연구가, 화원 경영자, 생명 공학자, 생물 교사, 지구 과학 교사, 동물원 관련 직종 등

* 커리어넷, 워크넷 참조

여러분의 이해를 돕기 위해 저의 결과를 공유합니다.

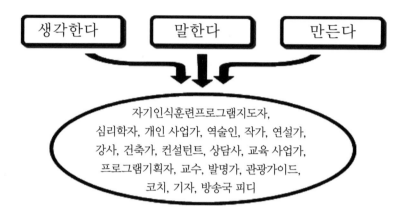

- 눈감고도 잘했던 동사를 발휘할 수 있는 직업

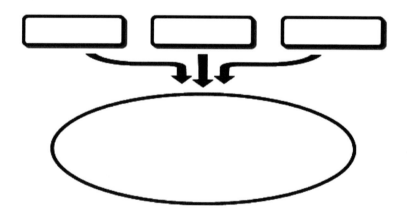

이제 눈감고도 잘했던 동사를 발휘할 수 있는 직업들을 선택했습니다.

눈감고도 잘할 수 있는 동사를 찾는 방법

홍수민 (고2, 여)

– 눈감고도 잘하는 동사 : 잠잔다. 관찰한다. 얘기한다. 푼다.

읽는다. 만든다.

"수민아 오늘 나랑 이야기를 나누고 난 뒤 어떤 기분이 들면 오길 잘했구나 하는 마음이 들까?"

"이과, 문과를 정해야 하는데 저만 우리 반에서 못 정했어요. 담임선생님이 자꾸만 빨리 결정하라고 하셔서 기분이 안 좋아요. 난 하고 싶은 게 없는데, 제가 이과가 맞을지 문과가 맞을지 알게 되면 좋겠어요."

"하고 싶은 게 없으니까 어느 학과를 갈지 모르겠고, 그래서 이과 문과 정하는 것도 망설이고 있는 거네? 답답했겠네?"

"그러니까 공부도 더 하기 싫고, 어차피 가고 싶은 데가 없으면 굳이 대학을 가야하나 생각하니까 자퇴할까 이런 생각도 들고, 친구들이 공부를 잘하니까 더 그래요. 수업시간에 집중도 안 되고…."

"엄마한테 들으니 성적은 잘 나온다고 하던데?"

"그냥 기본만 하는 거예요. 열심히는 안 하고…. 히히."

"하고 싶은 게 없으니까 공부하는 게 신이 안 나겠구나. 선생님은 하고 싶은 게 뭔지 40살이 넘어서 알았어. 니 나이 때 생각해보면 나도 멍하니 공부했던 거 같네. 오늘 애기 나누면서 기분을 좀 업시켜볼까?"

"네. 좋아요."

"너는 잘하는 일을 하고 싶어, 재밌는 일을 하고 싶어?"

"글쎄요? 돈 되는 일?"

"오호, 정답이네. 선생님이 직업을 많이 바꿔봤는데 돈이 된다고 해서 그 일이 재밌지는 않더라고."

"왜요?"

"뭔가 빠진 거 같은 느낌?"

"잘 모르겠어요."

"네가 지금 학교성적이 잘 나오고 있잖아. 성적이 잘 나오면 더 하고 싶고 그러면 더 잘 나올 텐데 넌 기본만 하잖아. 그거랑 똑같아. 뭔가 빠진 듯한 기분이란 거."

"아!"

"그런데 지금 하고 있는 일은 그렇지가 않아. 너랑 만나는 지금 시간이 나에겐 돈을 받는 것보다 더 기쁘고 즐겁거든."

"왜요?"

"내가 눈감고도 잘 하는 일을 하고 있는데 돈을 받으니까 말이야."

"눈 감고도 잘하는 일이요?"

"그래, 난 눈 감고도 말을 할 수 있거든. 난 말하는 게 좋아."

"그건 저도 할 수 있는데?"

"그렇지 누구나 할 수 있지. 그런데 몇 시간씩 하는 거야. 그것도 매일."

"헐, 피곤해요. 그럼."

"그치 피곤해. 그런데 그 피곤함보다 더 한 기쁨이 오니까 안 피곤해."

"와!"

"그럼 너도 이렇게 눈감고도 잘하는 일을 하면서 돈을 번다면 어떨 거 같아?"

"그런 일이 있을까요?"

"지금부터 찾는 거지. 나는 40넘어서 찾았다고 했잖아."

"선생님께서 40살 넘어서 좋아하는 일 찾으셨다고 하니까 저도 그렇게 될까 봐 더 걱정이 돼요."

"그러니까 내가 널 도울 거야. 네가 찾을 수 있을 거라고 믿어야만 가능해. 어때?"

"네, 가능하다면….."

"수민아, 너는 뭘 하면서 시간을 많이 보내니? 공부하는 시간 말고."

"잠자요. 헤헤. 잠이 너무 많아요. 미치겠어요."

"그래? 잠을 많이 자는 데도 성적이 잘 나온다? 넌 최고의 학습법을 쓰고 있는데?"

"네? 최고의 학습법이요?"

"어. 두뇌는 언제 일할 거 같아?"

"제가 공부할 때요."

"아니야, 바로 밤에 네가 잘 때 두뇌는 슬슬 일해. 네가 낮에 공부한 것들 중에서 네가 자주 보거나 중요하다고 했던 부분을 걸러내고 저장

하고, 그래서 아 이건 이쪽 방으로 저건 저쪽 방으로 이렇게 분류하는 일을 잘 때 하는 거야. 네가 잠을 안자면 그걸 못 하는 거지. 선생님은 이 원리를 안 다음엔 1시간 공부하고 낮잠 15분 정도 자고 이렇게 하면서 공부해 봤거든. 훨씬 잘 외워졌어."

"아, 신기하네요."

"그럼, 넌 잠자는 걸 눈 감고도 잘 하는 거야."

"눈 감고 잠을 자죠. 헤헤."

"자기성찰지능이라는 게 있는데 그 지능이 높은 사람들은 잠을 많이 자. 왜냐 하면 생각을 많이 하거든. 그러니까 뇌가 피곤해. 그런데 뭔가 또 집중할 게 있으면 며칠씩 깨어있기도 해. 일명 올빼미족이라고도 하지."

"맞아요. 전 재밌는 거 할 땐 밤새요. 그래서 엄마한테 혼나요."

"또 뭐가 있을까? 그렇게 집중해서 밤새거나 시간 가는 줄 모르는 거?"

"제가 요즘에요, 거미한테 배우는 게 있거든요. 화장실 창문에 어느 날 거미줄이 있는 거예요. 처음엔 이슬 같은 게 있어서 줄에 묻어 있으니까 예뻐서 쳐다봤는데요, 얘가 다음 날이면 거미줄을 또 엄청 치는 거예요. 그래서 제가 살짝 만져봤어요. 근데요 이게 굉장히 줄 힘이 센 거예요. 며칠 전에 거미줄에 벌레가 걸렸는데, 와, 거미가요, 쏜살같이 달려들어요. 무섭기도 하고 재밌기도 했어요. 시간이 많이 없으니까 잠깐씩 화장실 갈 때 봐요. 친구들한테 거미 멋지지 않냐고 했더니 애들이 '너 돈 거 아냐?' 이러더라고요."

"와, 너는 관찰하는 재능을 갖고 있구나! 그것도 동물에 대해서 말이지."

"재능이요? 동물하고 있는 게 편하긴 해요. 우리 집 강아지도 절 좋아해요. 난 개랑 얘기하는 게 편해요."

"오호, 그걸 바로 자연친화지능이라고 해."

"그것도 지능이에요?"

"그럼, 다중지능의 하나야. 선생님도 이 다중지능 개념 없었으면 열등감에 아직도 빠져 있었을걸. 넌 동물들을 관찰하고 대화하는 걸 눈 감고도 잘하는 거지. 관찰을 해야 대화를 할 거 아냐?"

"관찰한다, 대화한다? 그러네요."

"자, 또 뭐가 있을까? 눈 감고도 잘 했던 거? 어떤 과목을 그렇게 할 수 있어?"

"수학이요."

"와, 수학을?"

"수학은 답이 정해졌잖아요. 내가 거기로 가는 방법만 알면 가잖아요. 조금만 노력하면요."

"부럽다. 선생님은 수학시간에 눈 뜨고 있는 게 힘들었는데…."

"요즘요, 제가 좋아하는 애가 있는데요, 얘가 수학을 좀 못해요. 그래서 걔 가르쳐주려고, 더 공부하고 있어요. 요건 엄마한테 비밀이에요. 그 애가 못 알아들으니까 어떻게 하면 쉽게 알려줄까 그걸 고민한다니까요."

"그렇구나. 원래도 잘하는데 잘 가르쳐 주려고 연구까지 하는 거네?

수학을 잘하는 재능을 논리수리지능이라고 해. 보통 아이큐가 높다고 하는 말이 바로 이 지능이야. 이 지능이 높은 사람들이 대부분 자기가 아는 것처럼 다른 사람도 알려주면 바로 알아들을 줄 알고 가르치지만 논리수리지능이 낮은 사람들은 그 사람처럼 빨리 이해하지 못하거든. 그래서 수학선생님들이 가르치는 게 어렵게 느껴지는 이유야. 그런데 넌 그 애가 못 알아들으니까 알아듣도록 가르치려고 노력하네. 다른 사람을 이해하는 대인관계지능도 높은 거야. 네가 왜 하고 싶은 게 없다고 하는지 알겠다."

"왜요?"

"네가 뛰어난 능력이 많은 거야. 그러니까 이걸 해야 할지 저걸 해야 할지 잘 모르는 거지. 선생님처럼 안 되는 게 있으면 오히려 쉽거든. 너처럼 공부를 잘하는 아이들의 특징이기도 해. 그래서 부모님들이 정해주는 대로 가잖아. 그리고 잘하거든."

"그런가요? 엄마는 저보고 선생님이 되거나 공무원이 되라고 하시는데 전 애들하고는 안 맞아요."

"그럴 거야, 오히려 강아지를 가르치라고 하면 더 잘할 걸?"

"그죠, 헤헤 엄마랑 얘기할 때는 이런 말 안 통했는데…."

"또 뭐가 있을까? 눈 감고도 잘 했던 거 빠져들었던 거?"

"만화책이요. 엄마한테 매일 혼났어요. 만화책만 본다고. 왜 교과서는 만화책으로 안 나올까요?"

"음, 네가 만들면 되지 않을까?"

"제가요? 교과서를요?"

"그렇지. 넌 만화책을 통해 그림을 보고 핵심을 빨리 파악하는 거잖아. 애니메이션 고등학교라고 들어봤니?"

"거기 공부 잘 하는 애들 가는 데잖아요."

"맞아, 그 애들의 특징이 언어능력이잖아. 1등급인 거지. 그걸 연구한 걸 얼마 전에 봤는데 걔네들 특징이 만화책을 좋아한 거야, 어릴 때부터…. 그러면서 이야기 흐름과 핵심을 기억하는 거지. 공부할 때, 다 외우는 게 아니라 외워야할 걸 외워야 하는 거잖아? 그림만 보는 게 아니라는 거지. 대부분 만화를 좋아하는 애들 특징이기도 해. 네가 국어 공부 많이 안 해도 성적 나온다는 것도 만화책 덕분일 수 있는 거지."

"와, 그럼 제가 하는 것들이 다 도움이 됐던 거네요."

"그럼 그럼. 자, 정리해볼까? 눈감고도 잘 했던 걸 동사로 표현해 보면?"

"잠잔다, 관찰한다. 얘기한다. 푼다, 읽는다. 아 저 또 잘 하는 거 있어요. 레고 맞추는 거 좋아해요."

"음, 그럼 맞춘다?"

"아니 만든다."

"좋아. 그럼 이런 것들을 하는 직업들이 뭐가 있을까?"

"동물하면 수의사? 레고 만드는 거 좋아하니까 기계 만드는 거? 맘에 맞는 친구들한테 얘기 잘 하는 거, 가르치는 거 이런 거요."

"그렇지, 거기다가 분석하는 거 좋아하니까, 연구원, 동물심리치료사 같은 것도 있고. 거기엔 기본이 수학이야. 중요한 건 이 재능들을 함께 쓸 수 있는 직업을 찾으면 되고 없으면 만들면 되는 거지 직업을."

"직업도 만들어요?"

"그럼. 너희들 세대엔 어떤 직업이 나올지 모르지. 너희들이 전문가야. 직업을 만들어내는."

"아, 그렇구나. 그럼, 저 이과 가요, 문과가요?"

"네 생각은 어때? 어느 쪽을 선택하는 게 좋겠어? 나중에 대학갈 때를 생각해 보면?"

"이과요. 이과는 문과로 지망할 때 별 문제가 없는데 문과에서 이과는 달라요."

"그렇구나, 그럼 이과를 선택하고 추후에 과를 선택하면 되겠네. 아직 1년 남았잖아?"

"그럼 대학은요?"

"시간이 흐른 후에도 하고 싶은 일이 안 생기면 그땐 딱 세 가지 길에서 선택하면 돼. 인간을 연구할 것이냐, 자연 또는 동물을 연구할 것이냐, 그도 저도 아니면 사물을 연구할 것이냐. 그 큰 그림을 그리고 거기서 네가 눈감고도 잘하는 것들을 적용해 보는 거지. 어떤 대상에 더 관심이 가는지 그것을 할 수 있는 학과를 가서 공부해 보고 안 맞으면?"

"바꿔요?"

"당연하지. 아니면 계속 공부해서 맞나 안 맞나 끝까지 확인하고…."

"시간이 많이 걸리잖아요."

"빨리 가려고 했다가 잘못 가는 것보단 좀 낫지 않을까? 그렇다고 네가 그 시간에 노는 게 아니잖아. 뭔가를 경험할 거고, 거기서 얻는 교훈들을 갖고 또 수정하면 되지 않을까?"

"네, 알았어요. 일단은 이과 문과가 정해지니까 홀가분해요."

"선생님과 이야기 한 후 어떤 생각이 들었어?"

"학교 선생님들은 대학과 원하는 직업을 많이 얘기하시니까 원하는 직업이 없는 저는 부담이 되거든요. 그런데 빨리 정하지 않아도 될 거 같고요. 또 제가 잘 하는 게 있다는 걸 알았어요. 그걸로 먹고 살 수 있는 거구나 하는 생각이 들어서 좀 마음이 가벼워졌어요."

"맞아, 자기성찰지능이 높은 사람은 자신이 뭘 생각하고 어떤 기분이 드는지 왜 그런지를 많이 고민해. 그래서 조금 더 원하는 것을 늦게 찾을 수 있지만 그만큼 자신을 알게 돼서 결국엔 자기가 하고 싶은 대로 해. 성공하려면 자기성찰지능은 필수거든."

"네. 선생님께서 마흔 살 넘어서 찾으셨다고 하니까 전 조금 일찍 찾을 거 같아요. 엄마에게도 말씀드려 주세요. 제가 좀 늦게 찾을지도 모르니까 조급해하시지 말라고요."

"알았어, 말씀드릴게. 네가 비밀로 해달라고 한 얘기만 빼고…."

– 위 사례는 사례자의 동의를 받아 작성한 것입니다. –

2. 시간가는 줄 모르고
   몰입했던 동사를 찾아라

여러분이 기억하는 가장 어린 시절로 돌아갑니다.

자신이 시간가는 줄 모르고 했던 일들을 떠올려 봅니다. 놀이나 게임, 공부, 어떤 것도 좋습니다. 많으면 많을수록 좋습니다. 자유롭게 쓰십시오. 그리고 그 때 편안하게 느낀 환경을 떠올려 보세요. 그리고 다음의 6가지 유형 중에서 가장 가까운 것을 선택해 보세요.

여러분의 이해를 돕기 위해 저의 경험을 공유합니다.

시간가는 줄 모르고 몰입했던 경험	동사	환경유형
1. 초등5,6학년. 친구들과 공부한다고 친구네 집에서 함께 자고 놀았던 일	어울려 논다	사회형
2. 만화책 보기, 연애소설 읽기	읽는다	예술형
3. 못질, 톱질해서 만들기	만든다	예술형
4. 편지쓰기	쓴다	예술형
5. 연극 준비하느라 되지도 않은 대본 쓰기	상상한다	예술형
6. 동네에서 하는 춤 경연 대회에서 우승하려고 밤새 연습	도전한다	진취형
7. 선생님 숙직하는 날 놀러가기	주동한다	진취형
8. 나무 올라가기, 활쏘기	움직인다	진취형
9. 스카웃 모임, 밴드부 참여하기	어울린다	사회형
10. 책 속의 주인공 되는 모습 생각하기	상상한다	예술형
과거의 경험 속에서 찾은 공통점은?	재미있게 몰입했던 동사 3가지는?	
친구들과 어울린다.	1. 주동한다 (진취형)	
	2. 어울린다 (사회형)	
	3. 만든다 (예술형)	

– 주동한다

재미있는 일을 찾는 이 작업을 시작하면서 초등학교 시절이 가장 많이 기억이 났습니다. 그리고 끊임없이 친구들과 무엇을 하던 기억이 났습니다. 이 기억이 제게 무척 소중한 경험이란 걸 알게 되었습니다.

코칭동아리를 처음 맡게 될 때 정말 부담이 되었습니다. 그러나 그 경험을 통해 제가 주동하는 것을 좋아한다는 걸 알게 되었습니다.

지금 저는 1인 기업입니다. 혼자 모든 것을 해냅니다. 저는 저를 주동합니다. 함께 하는 사람들이 목표를 향해 실행하도록 제가 먼저 적용해 봅니다.

저는 주동할 때 가장 즐겁습니다.

– 어울린다

초등학교 시절에 많은 활동을 하면서 친구들과 어울렸습니다. 늘 친구들과 함께 무엇을 할까 고민했습니다.

회사생활을 하면서는 휴일이면 함께 어울려 다녔습니다.

방송대에서 함께 공부하는 선후배들과 산악회 회장을 하며 어울렸습니다.

저는 30세 이후에 사람들과 어울리는 게 어려웠기 때문에 늘 혼자 뭔가를 했습니다. 그래서 제가 어울렸던 기억들을 모두 잊고 있었습니다. 왜 잊고 있었을까를 생각해 봤습니다.

오랜 시간이 흐른 후 그 답을 찾았습니다. 고등학교 2학년 때 전학을 하면서 저는 저의 성격을 바꿔보기로 했습니다. 좀 조용히 지내기로 했습니다. 저는 다른 사람처럼 해보고 싶었습니다. 아무것도 나서지 않고 있으니 정말 편했습니다. 책임을 맡지 않으니 자유로웠습니다.

저는 점점 생각에 빠졌습니다. 제 생각에 빠져 친구들과 어울려도 재미없는 이야기엔 귀를 기울이지 않았습니다.

30대 이후에 사람들과 어울리면서도 재미를 느끼지 못했습니다. 아이들 얘기, 남편얘기, 시댁얘기, 살림하는 얘기, 집안 가꾸는 얘기, 맛있는 음식을 만드는 얘기들은 재미없었습니다. 사람들 속에서 저 혼자 생각에 빠졌습니다.

41살, 코칭공부를 시작하면서 새롭게 배움을 시작하게 되었습니다. 배우고 실천한 얘기를 하니 사람들과 어울리는 것이 다시 재밌어졌습니다. 대학원에 진학하여 동기들과 어울려 자신에 대한 얘기, 배움에 대한 얘기, 성장에 관한 얘기, 무엇인가 시도하는 얘기 등을 나눌 때 정말 재밌었습니다.

저는 재미있게 몰입했던 경험을 찾는 과정에서 제가 사람들과 늘 어울려 다니던 기억을 찾았습니다.

저는 배움, 변화와 성장, 자기 자신에 대해 이야기하는 사람들과 어울릴 때 가장 즐겁습니다.

- 만든다

함께 배운 동료가 강사로 나갈 때 '아니, 배운지 얼마나 됐다고. 저렇게 무모하게 뛰어들어. 완벽하게 해야지' 완벽하게 하려니 자꾸 미루게 되고 시도하지 않고 경험이 없으니 생각만 해도 떨렸습니다. 사실, 그렇게 빨리 시작할 수 있는 용기를 가진 동료가 부러웠습니다.

저에겐 무대공포증이 있었습니다. 초등학교 6학년 때 웅변대회 나가는 것을 하루전날 포기한 이후로 저는 많은 사람들 앞에 서는 게 두려웠습니다.

오랜 시간이 흐른 후 강의를 하면서 그 때 빨리 시작하지 못했던 게 후회됐습니다. 자꾸 경험을 하니 떨리지 않는걸 알게 되었습니다.

이제 저는 좀 더 괜찮은 저를 만들어가고 있습니다. 이제 저는 무엇인가를 시도해 봅니다. 말해 봅니다. 그리고 스스로 피드백을 해봅니다. 그러면서 경험을 통해 새로운 것을 만들어 냅니다. 실수를 통해 배우고 만들어 냅니다. 만들기 위해 책을 보고 만들기 위해 생각하고 만들기 위해 찾아갑니다. 만든다는 것이 꼭 보이는 것만을 만드는 게 아니라는 것을 알았기 때문입니다. 지금도 저는 여러분을 만나기 위해 책을 만들려고 노력합니다. 완벽한 책이 아니라 경험한 것을 통해 여러분도 찾을 수 있도록 도움을 주기 위해서입니다. 이런 저의 경험이 쌓여 다음번엔 좀 더 근사한 책이 나올 것입니다.

저는 새로운 것을 만들 때 가장 재밌고 즐겁습니다.

Tip. 시간가는 줄 모르고 몰입했던 동사를 쉽게 찾는 방법

1. 혼자 무엇을 하며 시간을 보냈는지 또는 누구와 무엇을
   하며 보냈는지 떠올려 본다.
2. 다른 사람이 무엇을 했을 때 자신이 샘을 내거나 부러워
   했는지 떠올려 본다.
3. 부모님, 어른, 선생님께 그 일을 하다가 호되게 혼났던
   경험을 통해 다시는 하지 않겠다고 다짐했거나 멈췄던
   경험을 떠올려 본다.

적어도 10개의 기억을 찾으세요. 동사가 생각이 안 날 경우 뒷
면의 동사표를 참조 하세요 그리고 홀랜드 영역별 직업 환경 특
징을 살펴보고 해당 유형을 적어보세요.

시간가는 줄 모르고 몰입했던 경험	동사	환경유형

과거의 경험 속에서 찾은 공통점은?	재미있게 몰입했던 동사 3가지는?
	1.
	2.
	3.

- 동사표

경영한다	기쁨을 준다	고친다	가르친다	경청한다
고안한다	감독한다	깬다	공감한다	개선한다
공유한다	경쟁한다	관리한다	감동시킨다	강화시킨다
감상한다	감소시킨다	고양시킨다	갱신한다	깨닫게 한다
고취한다	개정한다	구축하다	결합시킨다	교육한다
결정한다	꿈꾼다	관찰한다	그린다	거래한다
갖는다	격려한다	기획한다	공연한다	계산한다
갱신하다	나눈다	논다	노래한다	동기를 부여한다
돌본다	도전한다	다가간다	다룬다	대항한다
다듬는다	디자인한다	달린다	대접한다	돕는다
명령한다	만난다	모험한다	말한다	믿는다
모방한다	만든다	묵상한다	모은다	봉사한다
분별한다	변호한다	분류한다	분석한다	빛나게 한다
반복한다	발견한다	반영한다	발굴한다	본다
보여준다	발전시킨다	방어한다	보유한다	부흥시킨다
분배한다	보호한다	번역한다	부여한다	배운다
상담한다	식별한다	수배한다	설명한다	시도한다
시작한다	사랑한다	시킨다	사용한다	설득한다
수여한다	선발한다	성취한다	세운다	소유한다
수선한다	수행한다	선택한다	쓴다	쌓는다
설계한다	심사한다	사색한다	생산한다	실험하다
승인한다	수집한다	인식한다	요리한다	움직인다
완수한다	영향을 미친다	의사소통 한다	일깨운다	연결시킨다
용서한다	일한다	알려준다	유도한다	열중한다
이끈다	유지한다	육성한다	이행한다	요구한다
인도한다	위임한다	이해시킨다	이해한다	완수한다
연주한다	약속한다	운동한다	원활하게 한다	완성한다
이끌어낸다	연출한다	운영한다	운전한다	연기한다
안내한다	여행한다	웃음을 준다	연구한다	안다
존경한다	조직한다	즐겁게 한다	적용시킨다	지원한다
진행한다	준비한다	종사한다	조사한다	작곡한다
주장한다	지속한다	제시한다	주시한다	진행시킨다
점화한다	조율한다	지지한다	지원한다	주최한다

적용하다	제공한다	전진한다	전달한다	짓는다
정리한다	장려한다	질문한다	지휘한다	제작한다
치료한다	치유한다	즐긴다	찾는다	주장한다
춤춘다	추진한다	칭찬한다	촉진한다	창조한다
쫓는다	코칭한다	추구한다	착수한다	참여한다
통과시킨다	탐험한다	통합한다	캐낸다	키운다
통합한다	판단한다	토론한다	타협한다	탐사한다
평가한다	표현한다	평정시킨다	판매한다	포용한다
확장시킨다	활용한다	협상한다	편집한다	푼다
획득한다	회복시킨다	희생한다	향상시킨다	푼다
힘쓴다	흥분시킨다	해방시킨다	확정한다	협력한다
학습한다	형성한다	해결한다	해결한다	활발하게 한다
확인한다	힘을 준다			

– 홀랜드 유형별 성격 및 직업 환경 특징

홀랜드유형	유형별 직업 환경 특징
R형 (현실형, 실재형)	분명하고, 질서정연하게, 체계적으로 대상이나 연장, 기계, 동물들을 조작하는 활동 내지는 직접 몸을 움직이는 활동을 선호합니다. 반면 교육적인 활동이나 치료적인 활동은 좋아하지 않습니다. 말수가 적고 비사교적이며 사람의 마음보다 사물, 기계와 소통하는 게 훨씬 쉽습니다.
I형 (탐구형)	관찰적, 상징적, 체계적으로 물리적, 생물학적, 문화적 현상을 탐구하는 활동에는 흥미를 보입니다. 반면 사회적이고 반복적인 활동에는 관심이 부족한 면이 있습니다. 혼자서 하는 일에 집중하는 편이고 내용을 이해하기 위해 자료수집, 연구 등에 노력을 기울입니다.

A형 (예술형)	예술적 창조와 표현, 변화와 다양성을 좋아하고, 틀에 박힌 것을 싫어합니다. 모호하고, 자유롭고, 상징적인 활동을 좋아합니다. 반면 명쾌하고, 체계적이고, 구조화된 활동에는 흥미가 없습니다. 자신만의 개성이 뚜렷하고 자신의 감정을 솔직하고 자유롭게 표현하며 창의적입니다.
S형 (사회형)	타인의 문제를 듣고, 이해하고, 도와주고, 치료해 주고, 봉사하는 활동에는 흥미를 보입니다. 반면 기계, 도구, 물질과 함께 명쾌하고, 질서정연하고, 체계적인 활동에는 흥미가 없습니다. 혼자 일하기보다 함께 일하는 것을 즐깁니다.
E형 (진취형, 기업형)	조직의 목적과 경제적 이익을 얻기 위해 그리고 타인을 선도, 계획, 관리하는 일과 그 결과로 얻어진 위신, 인정, 권위를 얻는 활동을 좋아합니다. 반면 관찰적, 상징적, 체계적 활동에는 흥미가 없습니다. 설득, 토론, 논쟁을 즐기며 모험을 시도하고 경쟁적입니다.
C형 (관습형)	정해진 원칙과 계획에 따라 자료들을 기록, 정리, 조직하는 일을 좋아하고, 체계적인 직업 환경에서 사무적, 계산적 능력을 발휘하는 활동을 좋아합니다. 반면 창의적, 비체계적 활동에는 매우 혼란을 느낍니다. 어떤 일에 미리 준비하고 대비합니다.

* 출처: 커리어넷

재미있게 몰입했던 경험을 찾는 동안 여러분은 어떤 기분이 들었나요?

생각지도 않았던 경험들이 떠올랐나요? 습관처럼 하고 있어서 그게 재밌었는지 몰랐나요? 내가 왜 다른 사람을 부러워했었는지 이해 되셨나요? 혼났던 기억 때문에 너무 놀라서 다시는 재밌는 그 일을 멈춰버린 기억들이 생각나셨나요?

여러분의 경험과 그것을 표현한 동사들은 위의 6가지 중 어느 한 영역에 해당할 것입니다.

이 경험들을 통해서 자신에게 맞는 직업 환경을 아는 것이 중요합니다. 각 직업 환경은 그 직업을 유지하기 위하여 필요한 성격유형이 있습니다. 여러분이 가장 편안하게 여기는 환경에서 시간가는 줄 모르고 몰입했던 동사를 발휘할 때 여러분은 행복할 것입니다.

이 과정을 반복해보세요. 경험을 통해 자신에게 가장 잘 맞는 직업 환경을 찾을 수 있습니다.

검사를 통해 자신이 찾은 것과 비교해 보세요.

– 커리어넷을 통해 검사하기

학생/일반인 동일: 커리어넷 가입–진로심리검사–직업흥미검사(H)

– 워크넷을 통해 검사하기

성인: 워크넷 가입–직업심리검사–성인대상심리검사–직업선호도검사(L형)

여러분의 이해를 돕기 위해 저의 커리어넷 결과를 공유합니다.

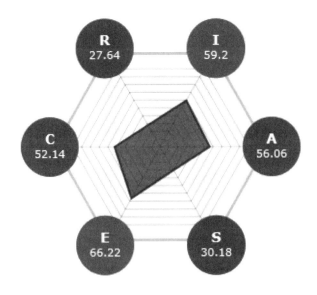

여러분의 결과 중 2~3개의 높은 점수가 나온 유형에 집중하세요.

홀랜드 검사는 개인의 성격유형과 개인이 선호하는 직업 환경의 특징 2가지를 설명해 줍니다.

여기서 주목할 것은 육각형의 모형에서 각 유형간의 거리입니다. 유형간의 관계는 거리에 반비례합니다. 예를 들어 C형과 A형은 대각선 방향입니다. 거리가 가장 멉니다.

점수가 비슷한 두 유형이 서로 대각선 방향에 있을 때 이들은 다른 사람보다 직업을 바꿀 확률이 더 많거나 직업에 대한 만족도가 낮을 수 있습니다. 왜냐하면 서로가 선호하는 직업 환경 유형이 정반대이기 때문입니다. 바로 저의 경우입니다. 저는 20번이 넘게 직업 및 직장을 바꿨습니다. 가장 높은 E유형은 I유형과 대각선 방향이고 세 번째 높은 유형인 A유형과도 거리가 멉니다. 사람들과 함께 무엇을 해내거나 주도하는 환경도 좋아하지만 혼자 있는 환경을 선호하기도 합니다. 그래서 어느 한 쪽에서 지치면 한 쪽 환경으로 옮기고 싶어 합니다. 또한 생각하고 연구하고 분석하는 것을 좋아하다보니 일이 익숙해지면 금방 싫증을 느낍니다. 저와 같은 유형처럼 높은 점수가 대각선 방향에 있는 분들이라면 어느 한 유형의 직업을 취미활동으로 활용 한다던가 또는 두 개의 직업을 갖거나 서로 다른 유형을 융합할 수 있는 직업을 가지면 됩니다. 저는 1인 기업이기 때문에 혼자 연구하고 적용하는 환경 속에서 일합니다. 그렇게 만들어진 프로그램을 제가 홍보하여 판매하고 강의하는 진취형의 환경이 제게 꼭 맞습니다.

이제 시간가는 줄 모르고 몰입했던 동사를 발휘할 직업을 찾아보기로 하겠습니다.

여러분은 앞 장에서 눈감고도 잘하는 동사를 발휘할 수 있는 직업들 중 마음에 드는 직업을 모두 선택했습니다.

그 직업들 중에서 시간가는 줄 모르고 재미있게 몰입할 수 있는 동사를 발휘할 수 있는 직업을 찾아보세요.

여러분의 이해를 돕기 위해 저의 결과를 공유합니다.

자기인식훈련프로그램지도자, 심리학자, 개인 사업가, 역술인, 작가, 연설가, 강사, 건축가, 컨설턴트, 상담사, 교육 사업가, 프로그램기획자, 교수, 발명가, 관광가이드, 코치, 기자, 방송국 피디

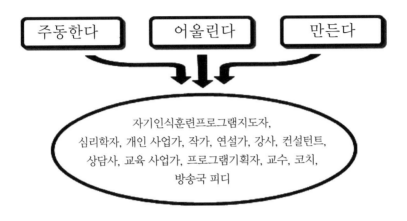

– 몰입했던 동사를 발휘할 수 있는 직업

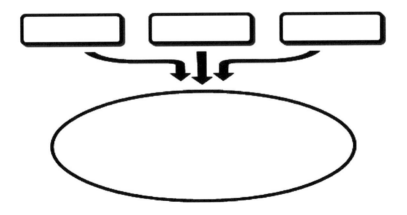

이제 재미있게 몰입했던 동사를 발휘할 수 있는 직업들을 선택했습니다.

3. 자신이 꽤 괜찮은 기분을
느꼈던 동사를 찾아라

여러분이 기억하는 가장 어린 시절로 돌아갑니다.

여러분이 어떤 행동을 했을 때 뿌듯함, 기쁨, 만족감 등 긍정적인 감정을 느꼈었는지 기억해 보세요. 다시 또 느끼고 싶다고 생각한 기억을 많이 쓰면 쓸수록 좋습니다.

여러분의 이해를 돕기 위해 저의 경험을 공유합니다.

내가 꽤 괜찮은 기분을 느낀 경험	동사	열정의 유형
1. 고등학교 때 가출하려던 친구들 설득해서 멈춘 것	설득한다	영향력
2. 대학원 때 총무로 봉사하던 일	봉사한다	봉사
3. 사람들에게 말로 칭찬, 격려, 인정해 주는 것	영향을 준다	지도
4. 사람들의 강점을 말해줄 때	알려준다	지도
5. 내가 만든 프로그램으로 돈을 벌었을 때	가르쳐 준다	교육
6. 친구들이 내가 하자는 일에 따라와 주었을 때	이끈다	지도
7. 대학원 후배들에게 도움 주기 위해 발표를 했을 때	도움을 준다	공연
8. 초등학교 4학년 때 처음 공부목표를 이뤘을 때	도전한다	도전
9. 엄마에게 목표 성적 받아오면 선물달라고 협상했을 때	협상한다	완벽
10. 발전하려는 사람에게 조언해줄 때	알려준다	개선
과거의 경험 속에서 찾은 공통점은?	**내가 꽤 괜찮게 느껴졌던 동사 3가지는?**	
사람들에게 무엇인가를 알려주고 하라고 한다.	1. 알려준다 (지도)	
	2. 도움을 준다 (봉사)	
	3. 영향을 준다 (영향력)	

– 알려준다

사람들을 만나 제가 새롭게 알게 된 것, 그리고 적용했던 방법을 알려줍니다. 저도 누군가가 그 방법을 알려주길 바랐기 때문입니다. 누가 저에게 알려주기만 한다면 그대로 하고 싶었습니다. 제가 사람들과의 관계가 왜 어려운지, 제가 무엇을 원하는지, 하루를 의미 있게 살려면 어떻게 해야 하는지, 무엇을 하면 내가 재밌게 돈을 벌 수 있는지 알려만 준다면 속 시원할 것 같았습니다.

이제 저는 그런 것을 알려주는 사람이 되었습니다. 제가 만든 프로그램으로 다른 사람에게 방법을 알려주는 일은 매우 뿌듯한 일입니다.

사람들에게 방법을 알려줄 때 제가 꽤 괜찮은 사람처럼 느껴집니다.

– 도움을 준다

저는 다른 사람을 돕는 일을 싫어하는 줄 알았습니다. 그런데 우연찮게 대학원 원우회에서 총무를 맡게 되었습니다. 다른 사람을 위해 봉사하는 책임을 맡게 되면서 기쁨을 느꼈습니다. 누군가에게 도움을 주는 일이 의미 있는 것을 그때 처음 느꼈습니다. 동기모임에서의 총무 역할도 매우 의미 있었습니다. 중학교 2학년 때 처음으로 반장이 되었을 때 매우 기뻤습니다. 친구들이 저를 뽑아줬다는 생각에 뭔가 대단한 일을 할 수 있을 것처럼 생각이 들었습니다.

담임선생님께서 불러서 말씀하셨습니다.

"반장이 되면 성적이 떨어질 수 있으니 다른 사람을 시키자."

저는 아무 말도 못한 채 담임 선생님이 시키는 대로 그냥 받아들였습니다. 이 작업을 하면서 그때 제가 반장이라는 책임을 맡지 못한 것은 친구들을 위해 봉사할 수 있는 기회와 그로인해 제가 좀 더 괜찮은 사람이란 걸 느낄 수 있는 기회를 잃어버린 것이라는 걸 알게 되었습니다.

누군가를 도울 때 제가 꽤 괜찮은 사람처럼 느껴집니다.

– 영향을 준다

고등학교 때 저와 어울리던 몇몇 친구들이 담임선생님과 갈등이 있었습니다. 친구들은 함께 가출을 하자고 했습니다. 저는 가출한 후의 상황이 너무 걱정이 되었습니다. 저만 빠지면 나중에 친구들에게 따돌림을 당할까봐 겁이 났습니다. 저는 친구들을 설득했습니다. 꽤 긴 시간이 지난 후 친구들은 저의 이야기에 동조했고 우린 가출 대신 다른 방법으로 선생님께 반항하는 방법을 선택했습니다. 그때 힘겹게 친구들을 설득한 후 제가 느꼈던 기분은 정말 뿌듯했습니다.

제가 꽤 괜찮은 사람처럼 느껴졌던 최초의 기억입니다.

TIP. 꽤 괜찮은 사람처럼 느껴졌던 동사를 쉽게 찾는 방법

1. 어떤 행동을 통해 긍정적인 감정을 느꼈던 경험을 떠올려
   본다.
2. 어떤 일을 하지 못해 그 기회를 놓친 것이 후회가 되는
   경험을 떠올려 본다.
3. 어떤 일을 했을 때 부정적인 감정을 느꼈던 경험을 떠올
   려 본 후, 그 대신에 무엇을 했더라면 긍정적인 감정으로
   바뀌었을 것인지 상상해 본다.

   적어도 10개의 기억을 찾으세요. 동사가 생각이 안 날 경우 뒷
면의 동사표를 참조 하세요. 그리고 열정의 유형 표를 보고 그
경험이 어떤 유형에 해당하는지 적어보세요.

내가 꽤 괜찮은 기분을 느낀 경험	동사	열정의 유형

과거의 경험 속에서 찾은 공통점은?	내가 꽤 괜찮게 느껴졌던 동사 3가지는?	
	1.	
	2.	
	3.	

- 동사표

경영한다	기쁨을 준다	고친다	가르친다	경청한다
고안한다	감독한다	깬다	공감한다	개선한다
공유한다	경쟁한다	관리한다	감동시킨다	강화시킨다
감상한다	감소시킨다	고양시킨다	갱신한다	깨닫게 한다
고취한다	개정한다	구축하다	결합시킨다	교육한다
결정한다	꿈꾼다	관찰한다	그린다	거래한다
갖는다	격려한다	기획한다	공연한다	계산한다
갱신하다	나눈다	논다	노래한다	동기를 부여한다
돌본다	도전한다	다가간다	다룬다	대항한다
다듬는다	디자인한다	달린다	대접한다	돕는다
명령한다	만난다	모험한다	말한다	믿는다
모방한다	만든다	묵상한다	모은다	봉사한다
분별한다	변호한다	분류한다	분석한다	빛나게 한다
반복한다	발견한다	반영한다	발굴한다	본다
보여준다	발전시킨다	방어한다	보유한다	부흥시킨다
분배한다	보호한다	번역한다	부여한다	배운다
상담한다	식별한다	수배한다	설명한다	시도한다
시작한다	사랑한다	시킨다	사용한다	설득한다
수여한다	선발한다	성취한다	세운다	소유한다
수선한다	수행한다	선택한다	쓴다	쌓는다
설계한다	심사한다	사색한다	생산한다	실험하다
승인한다	수집한다	인식한다	요리한다	움직인다
완수한다	영향을 미친다	의사소통 한다	일깨운다	연결시킨다
용서한다	일한다	알려준다	유도한다	열중한다
이끈다	유지한다	육성한다	이행한다	요구한다
인도한다	위임한다	이해시킨다	이해한다	완수한다
연주한다	약속한다	운동한다	원활하게 한다	완성한다
이끌어낸다	연출한다	운영한다	운전한다	연기한다
안내한다	여행한다	웃음을 준다	연구한다	안다
존경한다	조직한다	즐겁게 한다	적용시킨다	지원한다
진행한다	준비한다	종사한다	조사한다	작곡한다
주장한다	지속한다	제시한다	주시한다	진행시킨다
점화한다	조율한다	지지한다	지원한다	주최한다

적용하다	제공한다	전진한다	전달한다	짓는다
정리한다	장려한다	질문한다	지휘한다	제작한다
치료한다	치유한다	즐긴다	찾는다	주장한다
춤춘다	추진한다	칭찬한다	촉진한다	창조한다
쫓는다	코칭한다	추구한다	착수한다	참여한다
통과시킨다	탐험한다	통합한다	캐낸다	키운다
통합한다	판단한다	토론한다	타협한다	탐사한다
평가한다	표현한다	평정시킨다	판매한다	포용한다
확장시킨다	활용한다	협상한다	편집한다	푼다
획득한다	회복시킨다	희생한다	향상시킨다	푼다
힘쓴다	흥분시킨다	해방시킨다	확정한다	협력한다
학습한다	형성한다	해결한다	해결한다	활발하게 한다
확인한다	힘을 준다			

– 열정의 유형

열정: 보상이 없어도 즐겁게 할 수 있는 일	
영향력	사람들이 내가 생각하고 행동하는 방식을 따르도록 영향력을 발휘하는 일
지도	사람들이 어떤 방향을 향해 나아가도록 격려하고 이끄는 일
도전	새로운 생각이나 뭔가 새로운 일을 해야 하는 상황
사교	사람들을 모아서 공통된 목적을 위해 뭔가를 할 수 있는 기회를 계획하고 제공하는 일
봉사	다른 사람들이 성공하도록 돕는 일
공연	사람들 앞에서 주목받는 일
개발/창조	자원을 잘 정리해서 체계화하거나 조직화하는 일
개선	이미 만들어진 것을 더 나은 방향으로 바꾸는 일
완벽	언제나 정확하고, 내가 하는 일에 있어서 최고가 되는 것
개척	아무도 하지 않는, 새로운 일을 시도하는 것, 그리고 쉽게 포기하지 않는 것
위임	사람들에게 각기 다른 임무를 배정하는 일
수선	고장 난 것을 고치는 것 (사람, 사물, 기계 등)
변호	옳은 일을 옹호하고 잘못된 일에 대항하는 것
교육	다른 사람들에게 과제를 수행하거나 목표를 달성하는 방법에 대해 가르쳐주고 설명이나 지시사항을 잘 이해할 수 있도록 도와주는 일
경영	이미 잘 운영되고 있는 일이 더 잘 운영되도록 유지하는 일

* 출처: 백만불 리더로 키우기 위한 내아이 브랜드 코칭, 정진우, 아시아코치센타, p59 일부변경

내가 꽤 괜찮은 기분이 들었던 경험을 찾는 동안 여러분은 어떤 기분이 들었나요? 그 시간의 기억들이 의미 있게 느껴지셨나요?

열정이란 그 기분을 계속 느끼고 싶어 다시 그 일을 하는 것, 돈을 받지 않아도 계속하고 싶은 마음입니다.

새로운 일을 통해 열정을 발휘할 수도 있지만 현재의 일 속에서도 열정을 발휘할 수 있습니다. 지금 열정을 발휘하고 있지 않다면 열정을 발휘했던 자신을 잠시 잊었을 뿐입니다. 열정을 느끼는 것을 잠시 멈췄을 뿐입니다. 그러니 실망하지 마세요. 이 과정을 반복해서 더 많은 열정을 기억해 내세요.

일을 하는 시간이 너무나 고통스럽나요? 여러분의 일 속에서 열정을 발휘하세요. 여러분이 찾은 10가지의 열정동사를 오늘부터 다시 발휘해 보세요. 그럼에도 지금하고 있는 일에서 긍정적인 기분이 느껴지지 않는다면 천천히 자신의 열정을 발휘할 수 있는 직업을 준비하고 움직여 보세요. 미래를 준비하는 오늘 하루가 의미 있게 느껴질 것입니다. 그 하루가 모여 자신의 꿈이 됩니다.

이제 자신의 열정의 동사를 통해 의미 있게 할 수 있는 직업을 찾아보기로 하겠습니다. 선택한 직업 중에서 열정의 동사 3가지를 모두 발휘할 수 있는 직업을 찾아보세요.

여러분의 이해를 돕기 위해 저의 결과를 공유합니다.

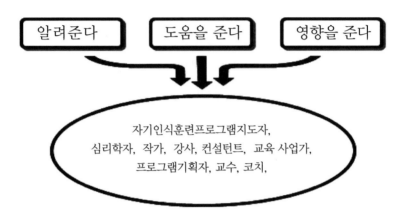

자기인식훈련프로그램지도자, 심리학자, 개인 사업가, 작가,
연설가, 강사, 컨설틴트, 상담사, 교육 사업가, 프로그램기획자,
교수, 코치, 방송국 피디

알려준다　도움을 준다　영향을 준다

자기인식훈련프로그램지도자,
심리학자, 작가, 강사, 컨설틴트, 교육 사업가,
프로그램기획자, 교수, 코치,

– 열정의 동사를 발휘할 수 있는 직업

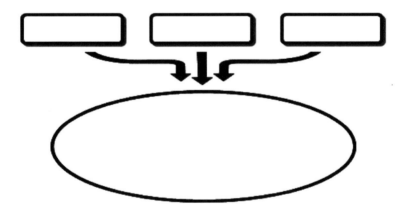

이제 자신이 꽤 괜찮게 느껴졌던 동사를 발휘할 수 있는 직업들을 선
택했습니다.

자신이 예상했던 직업이 나왔나요?

아니면 전혀 예상치 못한 직업이 나왔나요?

제가 만약에 20대나 30대에 이것을 했더라면 믿지 않았을 것입니다.

'무대공포증이 있는 내가 어떻게 강사가 돼?'

그러면서 또 좌절했을 것입니다. '역시나.' 하고.

그러나 지금은 매우 기쁩니다. 왜냐하면 제가 눈감고도 잘하는 일, 재미있게 몰입할 수 있는 일, 제 자신이 꽤 괜찮은 사람처럼 느껴지는 일임을 믿기 때문입니다. 자신이 찾은 것을 무조건 신뢰하시길 바랍니다. 자신에게 좀 더 시간이 필요할 뿐입니다.

이제 여러분의 보물창고를 뒤지는 여행이 끝났습니다.

여러분이 과거의 기억을 통해 더 많은 보물을 찾아내시길 기대합니다. 이 과정을 멈추지 말고 계속 하세요. 분명 여러분의 미래로 통하는 열쇠를 찾을 수 있을 것입니다. 바로 저처럼.

이제 마지막 관문, 자신이 직업을 통해 얻고 싶은 가치를 통해 진짜 원하는 일을 할 수 있는 직업을 찾아보겠습니다.

4. 절대 포기할 수 없는
   직업가치관을 찾아라

가치란, 어떤 선택을 하거나 의사결정을 해야 할 때 자신에게 판단의
근거가 되는 것입니다.

직업가치관이란 개인이 어떤 직업을 선택할 때 그 직업을 선택하는
근거가 되는 것입니다.

직업가치관이 중요한 이유는 자신이 일을 통해 중요하게 생각하는
목표나 자신을 동기 부여하는 데 결정적으로 영향을 미치기 때문입니
다. 지금 자신의 직업에서 만족도가 낮다면 직업을 통해 얻고 싶어하
는 가장 중요한 '가치' 가 채워지지 않았기 때문일 수 있습니다. 그러므
로 자신의 직업가치관을 정확하게 아는 것은 큰 도움이 됩니다.

여러분은 직업에서 어떤 부분을 가치 있게 여기나요?

요즈음 전 자기계발서를 많이 읽습니다. 자기계발서는 심리학과 경
영학이 만난 결과물이라는 생각이 듭니다. 책을 통해 가장 쉽게 적용

할 수 있는 방법을 배우고 스스로 동기를 부여할 수 있어서 좋습니다. 또한 이론보다는 경험을 통해 배우는 것을 선호하는 제겐 성공한 사례와 실패한 사례를 살펴볼 수 있어 매우 유용합니다.

이러한 책들을 읽다 보면 가장 부러운 사람들이 있습니다.

"나는 지금 바닷가가 보이는 카페에 앉아 책을 씁니다. 컴퓨터만 있다면 나는 어느 곳에서든 일을 할 수 있습니다. 나는 강의를 준비합니다. 한 달에 한두 번 개최하는 나의 세미나를 통해 사람들과 만납니다. 나는 지금 여행을 가는 비행기 안에서 일합니다. 나는 직장을 다녔을 때 1년 동안 벌었던 돈을 몇 달 만에 벌었습니다. 나는 한 달에 며칠만 일합니다. 나는 나의 일이 즐겁습니다."

도대체 어떤 일을 하면 이렇게 되는 걸까요?

이런 꿈같은 일을 하는 사람들은 도대체 어떻게 그 일을 찾았을까요?

저처럼 이렇게 샘나고 부러운 사람들이 있습니까? 누구나 저처럼 저런 사람들을 부러워할까요? 그렇진 않을 것입니다.

이처럼 자신이 꿈꾸는 직업을 통해 직업가치관을 찾을 수 있습니다. 제가 부러워하는 사람들을 통해 저의 직업가치관을 함께 찾아보겠습니다.

부러운 모습 혹은 만족스런 모습	직업 가치
1. 바닷가가 보이는 카페	시간, 장소의 자유
2. 컴퓨터로 일을 한다.	장소의 자유
3. 강의준비	개별 활동, 창의성
4. 비행기 안에서 일하기	장소의 자유
5. 몇 달 만에 1년 연봉벌기	금전적 보상
6. 며 칠만 일하기	몸과 마음의 여유
7. 나의 일이 즐겁다	성취(감)
8. 프로젝트로 일하기	변화지향
9. 사람들에게 영향을 미치는 일	영향력
10. 새로운 프로그램 만들기	창의성
제가 선호하는 직업가치(순위별)	
1. 금전적 보상	
2. 자율성	
3. 능력발휘	

– 금전적 보상

많은 직업을 바꿨지만 그 중에서 가장 오래했던 직업은 공인중개사입니다. 숫자를 싫어하고 낯선 사람을 만나는 걸 어려워하면서도 그 일을 계속 할 수 있었던 건 무엇보다도 높은 보수였습니다. 판매영업을 했던 것도 성과에 따라 받을 수 있는 높은 보수 때문이었습니다.

– 자율성

아침 9시에 출근해서 저녁 6시에 퇴근하는 일은 제일 고역입니다. 20대 초 개인 사무실에서 근무했을 때 경리업무를 했습니다. 하루 종일 시간을 채워야 하는 일이 너무 지루해서 일하다 도망쳐 나온 적도 있습니다. 책임감 없이 일했던 부끄러운 경험입니다. 학교강의는 대개 9시부터 시작합니다. 10일 이상 매일 해야 하는 장기강의가 잡힐 때면 몸이 먼저 반응함을 느낍니다. 답답하다. 끝나면 놀러 가자라고 스스로를 위로합니다.

– 능력발휘

저는 처음 강의를 시작할 때 봉사를 했습니다. 봉사의 기회를 받은 것만으로도 감사했습니다. 그것은 금전적 보상 이상의 기회였기 때문입니다. 봉사를 좋아한 게 아니라 그것을 통해 자기계발과 능력을 발휘할 수 있었기 때문이었습니다. 수업을 위한 프로그램을 만들 때 창의성이 발휘되고 사람들에게 도움이 될 때 기쁨을 느낍니다.

여러분은 어떻게 일하는 사람들이 부럽습니까?
잠시 멈추고 써보십시오.
여러분이 쓴 글 속에서 여러분이 선호하는 가치들을 알 수 있습니다.

TIP. 절대 포기할 수 없는 직업가치관을 쉽게 찾는 방법

1. 자신의 현재 직업에서 가장 만족스런 것이 무엇인지
   찾아봅니다.
2. 다른 누군가의 일을 부러워한 경험이 있다면 무엇 때문인지
   찾아봅니다.
3. 가장 기피하는 상황을 찾아보고 그것의 반대 상황을
   찾아봅니다.

적어도 10개의 상황을 찾으세요. 다음에 예시된 직업가치관과 그 특징을 보고 해당하는 직업가치를 적어보세요. 그리고 그 상황에서 나온 가치 중 가장 중요하다고 생각하는 것 3개를 골라 순서대로 적어보세요.

부러운 모습 혹은 만족스런 모습	직업 가치
1.	
2.	
3.	
4.	
5.	
6.	
7.	
8.	
9.	
10.	
자신이 선호하는 직업가치(순위별)	
1.	
2.	
3.	

– 직업가치관의 종류와 특징

가치관의 종류	특징
성취 (능력발휘)	자신이 스스로 목표를 세우고 이를 달성하려고 합니다. 능력을 충분히 발휘할 수 있을 때 보람과 만족을 느낍니다. 가능성을 찾고, 도전하고, 기회를 만들어 어려운 일을 해결해 가는 것을 통해 성취감을 느낍니다.
봉사	다른 사람을 돕고 더 나은 세상을 만들고 싶어 합니다. 조직, 국가, 인류에 대한 봉사와 기여가 가능한 직업을 선택할 것입니다. 도움과 격려가 필요한 사람들에게 힘을 줄 수 있는 직업생활을 할 때 가치와 보람을 느낄 것입니다.
개별 활동	여러 사람과 어울려 일하기보다는 혼자 일하는 것을 중시합니다.
직업안정	직업에서 오랫동안 안정적으로 종사할 수 있는지를 중시하고 매사가 계획한대로 안정적으로 유지되는 것을 좋아합니다. 쉽게 해고되지 않고 오랫동안 일하는 게 보장된다면 편안한 마음으로 더욱 열심히 일을 할 것입니다.
변화지향	업무가 고정되어 있지 않고 변화 가능한 것을 좋아합니다. 한 업무를 오래 하는 것보다 여러 업무를 두루두루 해 보는 것을 좋아합니다.
몸과 마음의 여유	마음과 신체적인 여유를 가질 수 있는 업무나 직업을 중시합니다.
영향력 발휘	타인에 대해 영향력을 발휘하는 것을 중시합니다.
지식추구	새로운 지식을 얻는 것을 중시합니다.
애국	국가를 위해 도움이 되는 것을 중시합니다.
자율성	어떤 일을 할 때 규칙, 절차, 시간 등을 스스로 결정하길 원합니다. 자신만의 방식에 맞게 자율적으로 일할 때 자신의 능력을 더욱 효과적으로 발휘할 수 있습니다.

금전적 보상	충분한 경제적 보상이 매우 중요하다고 생각 합니다. 노력과 성과에 대해 충분한 경제적 보상이 있다면 일의 어려움과 힘겨움에 관계없이 최선을 다해 노력할 것입니다.
사회적 인정	다른 사람들로부터 나의 능력과 성취를 충분히 인정받고, 주목받고 싶어 합니다. 주변사람들이 자신을 긍정적으로 평가하면 능력을 더욱 발휘할 것입니다.
실내 활동	신체 활동을 덜 요구하는 업무나 직업을 중시합니다.
자기계발	항상 새로운 것을 배우고 능력과 소질을 지속적으로 발전해 나갈 때 만족을 느낍니다. 발전할 수 있는 기회가 충분히 주어질 때 만족감을 느낄 것입니다.
창의성	늘 변화하고 혁신적인 아이디어를 내며, 새롭고 창의적이고, 독창적인 것을 만들어 내는 과정에서 능력을 충분히 발휘하는 것을 좋아합니다.

* 출처: 커리어넷, 워크넷

이제 여러분은 직업을 통해 자신이 포기할 수 없는 가치 3개를 선택했습니다.

직업가치관은 상황에 따라 달라질 수 있습니다. 예를 들면 안정성이라는 영역은 대부분의 부모님들이 선호하는 직업가치관입니다.

아이들에게 강조하는 부분이기도 합니다. 이것은 삶을 살아오면서 겪은 어떤 상황 속에서 얻은 경험 때문일 수 있습니다.

나이, 경험, 지식 등에 따라 직업가치관은 변화됩니다. 변화가 나쁜 것이 아닙니다. 다만 자신의 변화된 가치관을 못 알아챘다면 일속에서 갈등을 겪고 만족도가 낮을 수 있습니다.

우리가 직업 가치관을 통해 직업을 선택할 때 고려해야 할 부분이 있습니다. 바로 해당 직업이 필요로 하는 직업가치관이 있다는 것입니다.

예를 들어 판사는 사회적 인정을 상징하는 직업입니다. 그러나 그 직업이 필요로 하는 가치관은 첫 번째가 애국입니다. 나라와 국민을 위한 일이기 때문이죠. 그 다음에 국민에 대한 봉사이고 세 번째가 직업 안정성 또는 사회적 인정입니다.

또 다른 예로 경찰이라는 직업은 애국, 봉사, 안정성입니다.

학부모들이 선호하는 의사라는 직업을 한 번 볼까요? 의사는 사람의 생명을 다루는 일이니 사실 봉사라는 직업가치관이 가장 우위에 있습니다. 그 다음에 금전적 보상 또는 사회적 인정입니다. 그런데 의사라는 직업을 금전적 보상이나 사회적 인정이라는 가치를 우위에 두고 봉사라는 가치를 아래에 두면 말 그대로 돈을 벌기 위한 수단이 되는 것입니다.

이렇듯 각 직업이 요구하는 기본적인 가치관과 자신이 선호하는 가치관이 일치한다면 직업을 통해 더 큰 만족을 얻을 수 있을 것입니다.

여러분은 앞장에서 눈감고도 잘하는 직업, 재미있게 할 수 있는 직업, 열정을 발휘할 수 있는 직업을 최종 선택했습니다.

그 중에서 자신이 중요하게 생각하는 직업가치관을 채워줄 수 있는 직업을 알아보겠습니다.

여러분의 이해를 돕기 위해 저의 결과를 공유합니다.

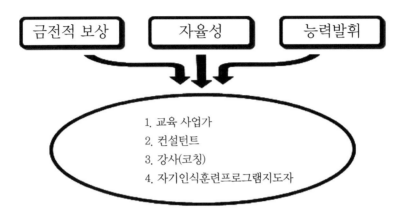

자기인식훈련프로그램지도자,
심리학자, 작가, 강사, 컨설틴트, 교육 사업가,
프로그램기획자, 교수, 코치,

금전적 보상   자율성   능력발휘

1. 교육 사업가
2. 컨설틴트
3. 강사(코칭)
4. 자기인식훈련프로그램지도자

– 선호하는 직업가치관을 만족시키는 직업

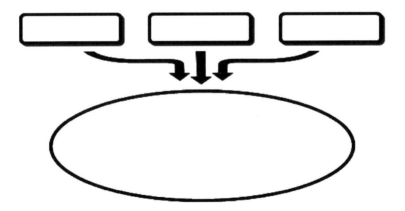

이제 선호하는 직업가치관을 만족시킬 수 있는 직업들을 선택했습니다.

저의 경우 선호하는 직업가치관 1위가 금전적 보상이기 때문에 위의 4가지 직업 중에서 가장 높은 보수를 얻을 수 있는 것을 선택하면 됩니다.

제 경우 프로그램을 만들고 교육하고 판매합니다. 상담사와 코치에게 자신의 핵심고객을 찾아주는 컨설턴트 업무를 하고 있습니다. 코치로서 강의를 하고 자기인식훈련프로그램을 진행하고 있습니다.

교육 사업가는 제 직업가치관 모두를 충족시키는 직업입니다.

여러분도 자신이 선호하는 직업가치를 충족시킬 수 있는 직업을 선택하시길 기대합니다. 최고 우선순위가 채워지면 더 좋겠지만 적어도 3가지 안에 하나만이라도 채울 수 있는 일을 한다면 행복한 기분을 더 많이 느낄 것입니다.

여러분이 추구하는 최고의 가치를 현재의 직업 안에서 채울 수 있다면 더욱 좋겠지만 그렇지 않을 경우 지금부터 준비하시길 기대합니다.

여러분은 과정을 통해 진짜 원하는 직업을 선택하셨습니다. 선택한 것에 의심이 가면 다시 처음부터 시작해 보세요. 그래도 계속 같은 선택을 했다면 이제 자신의 선택을 믿으세요. 어떻게 그 길을 갈까 두려워하는 대신 어떻게 그 길을 갈 수 있는 쉬운 방법이 있을까 그것을 찾으면 됩니다.

이제 미래로의 여행을 떠나 보려고 합니다.

직업 환경과 직업가치관을 발휘하기

정미정 (가명, 38세, 대학교수)

– 진짜 원하는 일: 사람들과 교류하며 성과를 내는 일
– 직업선호환경: 탐구형, 진취형, 예술형
– 직업가치관: 능력발휘, 창의성, 영향력 발휘

"교수님께서 저와의 시간을 통해 무엇이 해결되면 만족하시겠어요?"

"답답해요. 뭔가 일이 진전도 안 되고,,, 공부한 것에 대한 결과가 나오지 않으니까요"

"답답한 대신에 어떤 감정으로 바뀐다면 만족하시겠어요?"

"좀 더 편안해지고 즐거웠으면 좋겠어요."

"편안하고 즐거워지면 어떤 일이 일어나나요?"

"사람들에게 내가 연구해서 만든 것들을 알려주고 도움을 줄 수 있겠죠? 성과 없는 일에 메여 있으니까 참 답답하네요."

"특히 어떤 부분에서 답답함을 느끼시는 지 좀 더 구체적으로 알려주시겠어요?"

"제가 공부하는 것을 좋아해요. 이번에 박사학위를 하나 더 받으려고 준비하는 게 있는데 그게 맘처럼 잘 안되네요."

"이미 박사학위를 받으셨던 경험이 있으시다면 더 수월하실 텐데 어떤 부분에서 맘처럼 안되시나요?"

"음, 논문 지도를 받기가 어려워요. 지도 교수님께서 자꾸 시간을 미루시고 만나 봬도 10분정도 길어야 20~30분밖에 얘기할 시간이 없으니까.. 논문이 진전이 안 돼요. 충분히 얘기하고 나누고 싶은데 그게 참.. 잘 안되네요. 연구만 한다고 논문이 되는 건 아니잖아요? 서로 얘기를 나누고 안 되는 거면 다른 걸로 바꿔라 라든가 방향설정을 해주셔야 하지 않을까 기대하는데 이건 뭐 만날 시간이 없으시니…."

"논문을 빨리 끝내고 싶으신데 잘 안 되시는 거네요? 교수님께서는 현재 학생들을 가르치고 계시잖아요? 어떤 부분이 가장 적성에 맞고 재밌으세요?"

"아무래도 내가 연구한 것을 가르쳐주고 함께 토론하고 얘기 나누는 거죠. 프로그램 연구하는 것도 좋아하고 새로운 것을 만들어내는 게 즐거워요."

"어릴 때는 어떠셨어요? 초, 중, 고등학교 때요. 주로 무엇을 하며 시간을 보내셨어요?"

"어릴 때요? 공부한 게 가장 많이 생각나죠. 그리고 뭔가 배우고 싶으면 막 시도해 보는 거요. 하다가 재미없으면 그만두는 거죠. 경험해 봐야 아는 거니까. 친구들하고 막 얘기하는 것도 좋아해요. 지금도 제 핸드폰에 전화번호가 한 3천개 정도 있는 거 같아요"

"3천 개요? 놀랍네요. 그 많은 사람들과 어떻게 교류하세요?"

"다 만나는 건 아니지만 하루에 몇 명 정도는 만나고 전화 통화하고 밤에 함께 공부하기도 하고 여튼 사람들과 연결되는 게 참 좋아요. 기운이 나죠."

"그렇군요. 제가 알고 있는 교수님들과 조금 다르네요. 굉장히 활발하시고 대외활동도 열심히 하시고 공부하는 것도 즐기시고. 전 얘기 듣는 것만으로도 부담이 확 오네요."

"왜요?"

"전 한 두 사람과 교류하는 편이거든요. 그리고 어떤 프로그램을 진행하게 되면 그 집단과 3개월은 가니까 그렇게 일할 때 다른 만남을 자제하는 편이거든요. 에너지가 소진되니까"

"사람을 안 만나면 오히려 에너지가 떨어지지 않나요? 사람마다 다 다르네요. 진짜로"

"맞아요. 전 사람 만나는 게 가장 어렵거든요. 교수님께서 가르치는 학생들은 교수님 수업에 어떤 피드백을 주나요?"

"아, 애들이요? 제가 원하는 만큼 반응이 오진 않아요. 특히 실제 토론하고 발표하게 하면 애들이 멘 붕이 오나 봐요. 표현하는 단어도 그렇고 보고서 쓰는 것도 그렇고 어려워해요. 대학생 맞나 싶을 때도 있어요."

"학생들과 함께 다양한 것들을 시도해 보시는군요?"

"직접 경험해야 쉽게 익히니까요. 애들이 어려워서 자꾸자꾸 쉽게 해보려고 해요. 저도 경험이니까요. 나는 알지만 애들은 쉽게 알 수 있는 게 아니고."

"그렇군요.. 교수님의 지도교수님과는 조금 다르게 학생들을 가르치시는 느낌이 드네요. 어떤 부분이 제일 다른 거 같으세요?"

"음…. 애들과 많이 활동하고 소통하려고 해요. 그래야 친해지고 어려운건 쉽게 할 수 있도록 도울 수 있으니까요. 함께 고민하고 해결해가야죠."

"지도교수님과도 소통하시길 원하시는데 잘 안 되고 있어 답답하셨나보네요 맞나요?"

"그렇죠…. 워낙 연세도 있으시고 또 저만 지도하는 것도 아니니까요."

"그렇다면 교수님의 어떤 장점을 발휘하시면 지도교수님과 좀 더 소통하실 수 있을까요?"

"그러게요…. 제 장점이라…. 일단 사람들에게 쉽게 다가가는 편인데, 아무래도 지도교수님은 … 조금 어렵긴 하죠."

"가장 쉽게 시도해 볼 수 있는 방법이 있다면 어떤 방법이 있을까요?"

"아무래도……. 자주 찾아뵙는 건데……. 어쨌든 빨리 논문을 끝내야하는 건 나니까요."

"교수님께서 사람들과 소통하는 것을 이미 재미있게 하고 계시기 때문에 별 어려움은 없으실 거라 예상되는데 어떠세요?"

"그냥 사람들과 얘기하는 건 어려움이 없었는데 지도교수님이라서 좀 어려웠던 거 같네요. 아무래도 저를 평가하시는 분이니 편하게 느껴지진 않죠."

"그럼에도 불구하고 시도해 볼 수 있는 방법이 있다면?"

"일단 오늘 저녁에 전화를 한 번 드려야겠어요. 충분한 시간이 되시는 날이 언제인지 여쭤보고 학교에서 못 뵈면 집으로 찾아가도 되니까요. 일단 제가 더 급한 거니까."

"어떠세요? 좀 답답함이 해소되셨나요?"

"글쎄요,……. 뭔가 속이 시원하진 않네요."

"교수님과 나눈 대화를 통해서 제가 정리한 것을 말씀드려도 될까요?"

"네."

"보통 교수라는 직업군은 성격이나 직업 환경으로 볼 때 권위적인 관습형이에요. 거기다 연구하시는 분들이니까 탐구형의 성격을 갖고 계시죠. 대부분 성격이 신중하시고 조용하고 사색하는 거 좋아하시고 그런 것들을 연구해서 만들어내시는 유형이시죠. 그런 면에서 볼 때 교수님께서도 공부와 연구를 좋아하는 탐구형을 갖고 계세요. 다른 교수님들과 다를 게 없죠. 그런데 그 다음에 우위에 있는 유형이 탐구형과 정반대에 있는 진취형을 갖고 계시다는 느낌이 들어요. 진취형은 사람들과 토론하고 설득하고 뭔가 일을 막 만들어내는 유형이죠. 주도적인 에너지, 변화와 혁신의 에너지가 있는 환경이죠. 거기에 교수님은 사람도 좋아하세요. 사회형이시죠. 또한 새로운 것을 만들어 내고 경험해보고 이건 예술형의 기질이에요. 일정한 틀 안에서 같은 일을 반복하는 관습형의 패턴이 교수님께는 느껴지지가 않아요. 관습형은 예술형의 반대죠. 관습형 그룹에서는 교수님을 보면서 불안해할 수도 있어요. 뭔가 자꾸 변화를 주고 시도해 보시니까요. 그 직업 속에서 편하게 느껴지는 성격과 환경들이 있거든요. 아마도 제가 뵙기엔 교수님께서는 교수라는 직업보다도 사업가형이라고 느껴지는데요."

"그래요? 그건 맞아요. 대학이라는 게 뭔가 답답한 느낌이 있어요. 그래서 논문이 완성되면 어떻게 그걸로 뭘 만들어볼까 계속 고민하고 있어요. 아무리 좋은 논문도 어떤 성과로 이어지지 않는다면 재미없잖아요."

"성과가 나올 때 가장 재밌으시다는 거죠?"

"그렇죠. 그래야 연구하는 재미도 나고."

"네, 바로 교수님의 그런 성격이나 선호유형이 잘 받아들여지지 않아서 조금 답답하실 수도 있어요. 그렇더라도 교수님께서는 사람과의 관계를 쉽고 재밌게 하시는 분이시잖아요. 교수님의 굉장한 강점이죠. 저도 누군가 제게 말을 걸어주고 자꾸 연락하면 그 사람이 편해지더라고요"

"그럼 제게 먼저 연락을 안 하는 사람들은 코치님 같은 성격일 수도 있겠네요? 전 그게 참 이해가 안 되더라고요."

"네. 보기엔 외향적으로 보이는데 내성적인 편이거든요. 낯을 많이 가리죠. 연락이 와야 만나고"

"참, 새롭네요. 사람에 대해 알고 싶어지는데요. 심리학을 배우고 싶다는 생각이 드네요. 또 공부할 게 생겼네요."

"오늘 대화를 통해 정리되신 게 있다면 말씀해 주시겠어요?"

"내가 대학에 맞지 않는다고 생각했었는데 그들도 내가 불편할 수 있겠구나 싶네요. 성과를 내고 싶어 하는 나를 봤어요. 성과가 안 나오니까 그래서 더 조급해졌나 봐요. 지도교수님을 좀 더 편하게 대해야 할 꺼 같아요. 평소의 나처럼. 마음이 조급하니까 하던 것도 잘 안 되고 있었네요. 해보고 안 되면 또 다른 방법을 찾아보죠 뭐. 어쨌든 난 빨리 논문을 끝내는 게 목표니까"

– 위 사례는 사례자의 허락을 받아 기재하는 것입니다 –

Part3

●

미래

●

당신이 원하는 삶은 어떤 모습입니까?

당신이 갖고 있는 기회는
당신의 상상력 안에 있다.
상상력은 당신의 소망을
실현시켜 주는 공장이다.

나폴레온 힐

당신이 진짜 원하는 삶은 어떤 모습입니까?

"당신 삶에 변화를 일으킨 특별한 만남은 무엇입니까?"

누군가 여러분에게 묻는다면 어떤 만남을 이야기 하시겠습니까?

저는 '코칭을 만난 것' 입니다.

"그것이 특별한 이유는 무엇입니까?" 라고 다시 묻는다면 "제 자신이 무한한 가능성을 가진 존재라는 것을 믿게 되었습니다." 라고 답할 것입니다.

"무엇이 그것을 가능하게 했습니까?"

"질문입니다. 질문했고 원하는 답을 찾았기 때문입니다. 코칭은 제게 질문하는 방법을 알려주었습니다."

이런 저의 대답에 의아함이 들 수 있습니다.

'아니 질문을 할 줄 몰랐다는 것인가?' 라고 말이죠.

네. 맞습니다.

저는 질문하지 않았습니다. 아니 제대로 된 질문을 할 줄 몰랐습니다.

수업이 끝나고 질문 있는 사람을 물어보면 질문하는 친구가 싫었습니다. 똑같이 설명하고 있는 선생님 말씀을 들으면 아까운 쉬는 시간을 놓치게 되었기 때문입니다. 모르는 것은 자기가 찾으면 되는 거라고 생각했었습니다. 또한 뭘 모르는지 모르니 질문을 할 수가 없었습니다.

거기다 궁금해서 "왜요?", "왜 안 돼요?" 물어보면 말대답을 한다고 혼났었죠.

"왜라니?"

"시키는 대로 해."

이런 대답을 듣고 자랐기 때문입니다.

정말 질문하는 방법을 몰랐습니다. 아무도 가르쳐주지 않았기 때문입니다. 오직 공부에 대한 질문만이 가능했기 때문입니다. 그러니 자연스레 질문을 못하는 아이가 됐습니다.

코칭수업을 통해 질문으로 대화를 이어가고 상대방이 스스로 답을 찾을 수 있도록 돕는다는 것을 알았습니다. 코칭대화를 연습한 첫 날, 이렇게 간단히 해답을 이끌어낼 수 있다니 놀라웠습니다. 머리가 개운해지는 느낌이었습니다.

'이거다! 내가 찾던 직업이다!'

감이 왔습니다. 제가 왜 직업을 찾질 못하고 있었는지 알게 되었습니다. 제가 원했던 직업이 세상에 없는 것이었습니다.

코치라는 직업이 우리나라에 들어온 지 10년이 안된다고 했습니다. '10년이면 이미 다른 사람도 다 알고 많이 하고 있는 거 아닐까?' 라는 불안함이 들었습니다. 언제 배워서 이걸로 돈을 버나 조바심이 생겼습니다.

그러나 그로부터 6년이 지난 지금도 코치라는 직업이 있다는 걸 모르는 분들이 많으니 코칭을 만난 건 제 삶에 큰 축복입니다. 생애 처음으로 멘토가 생겼습니다.

'저 분처럼 코칭강의를 하고 싶다.'
'비즈니스코칭을 하고 싶다.'

많은 생각을 했습니다. 지식도 없고, 스펙도 없고, 인맥도 없고, 무엇하나 가진 것이 없는 제가 코치가 될 수 있을까?, 강의를 할 수 있을까? 망설였습니다. 그러나, 그냥 그 분이 걸었던 길을 그대로 따라 걸어보자고 생각했습니다. 어차피 40이후의 삶에 호기심이 없었는데 뭔가 할 것이 생겼다는 것 하나로 삶이 지루하진 않을 것 같은 생각이 들었습니다.

코칭을 만난 이후 사람을 바라보는 관점이 바뀌었습니다.

'모든 사람은 창의적이고 자원을 가지고 있는 온전한 존재'라는 코칭의 철학은 그 자체로 저를 치유했습니다. 늘 불평하고 다투고 시기하고 열등감에 사로 잡혀 생활했던 저를 이렇게 긍정적으로 바라봐 주는 관점이 있다는 것이 놀라웠습니다.

처음 코칭을 공부하게 된 계기는 아이의 수학점수를 올려보겠다는 욕심으로 시작했습니다. 나이 마흔, 인생에 더 이상 새롭게 기대할게 없는 나이, 특별한 일이 벌어질 일이 없는 나이. 무료하고 답답함을 느졌을 때 아이의 성적은 무언가 해보면 될 것 같은 희망 같은 것이었습니다. 좋은 엄마가 될 것 같은 희망, 시간을 알차게 보낼 수 있을 것 같은 희망이었습니다.

코칭공부를 하러 가는 날엔 신이 났지만 그 외의 시간들에선 여전히 무기력함을 느끼고 있었습니다.

어느 날 늘 다니던 도로를 운전하고 가는데 급 우울한 기분이 들었습니다. 저는 그 때 과제로 내주셨던 '존재가치선언문 하루에 3번 선언하기'를 우울할 때마다 했었는데 그날은 우울감이 더 크게 느껴져 평소와는 다르게 큰 목소리로 존재가치선언문을 외쳤습니다. 차안이 떠나가게 큰소리로 여러 번 외쳤습니다. 그러다 커브 길을 돌았을 때 눈앞에 커다란 산이 내 눈앞에 확 들어왔습니다. 어떤 강한 느낌이 눈으로 가슴으로 느껴졌습니다. 그 순간 코칭의 전제 '모든 사람은 무한한 가능성이 있다' 는 말이 생각났습니다.

'그렇다면 나는 어떤 가능성을 갖고 있을까? 모든 사람이라고 했잖아, 나도 포함이 되는 거잖아? 그럼 내게도 있지 않을까? 모든 사람이 그런지 아닌지 어떻게 알지? 내가 안 되면 다 무슨 소용이 있지? 진짜 내가 되면 모든 사람이 가능하지 않을까? 되나 안 되나 한번 해볼까? 나는 어떤 가능성이 있을까?'

평소의 제 안에서 나누던 대화 패턴이 아닌 다른 대화가 이어지고 있었습니다. 순간 전율을 느꼈습니다. 모든 사람에게 있는 그 가능성이 내게도 있을 것이라는 기대가 생겼고 그것을 확인해보고 싶은 호기심이 생겼습니다.

이 날의 기억은 아직도 생생합니다. 저는 그 후로 코칭과제를 저와 아이, 남편에게 적용하며 부딪히고 공부하며 성장했습니다.

사람들은 흔히 가까운 사람에게는 안 된다고 말합니다. 저는 가까운 사람이 안 되면 그건 되는 게 아니라고 생각했습니다. 아이와 끊임없이 갈등하는 중에도 아이와의 코칭대화는 계속 했습니다. 아이는 엄마가 코칭을 배운 후 많이 변했다고 말해줬습니다. 아이와 남편의 피드백은 저를 계속 공부하게 했습니다.

처음으로 공부가 재밌었습니다. 스무 살부터 책이라곤 5권도 읽어보지 않았는데 책을 읽는 게 재밌어졌고, 저도 모르게 밤을 새우고 있었습니다. 책을 읽다가 아침을 만났을 때의 그 살아있는 기분이 벅차게 느껴졌습니다. 어렸을 때 끊임없이 저를 괴롭히던 생각들을 질문으로 바꿔 제 자신에게 물어보고 대답하는 작업을 했습니다.

'왜 안 되지?'

대신에 '어떻게 하면 되지?' 라고 물었습니다.

그리고 다른 동료 코치들과 동아리를 만들어 질문을 주고받고 질문을 연구하면서 저는 그토록 풀고 싶었던 질문 '나는 어떻게 살고 싶은가?', '나는 어떤 목적을 갖고 태어났는가?' '나는 왜 죽음을 두려워하는가?' 에 대해 저만의 답을 얻었습니다.

항상 과거에 매여 있던 제 자신은 어느새 미래로 가 있었고, 그 미래를 생생하게 상상할 수 있게 되었습니다. 상상은 현실이 되었고, 현실은 또 다시 상상하고 꿈꾸게 만들었습니다.

제가 그토록 원하던 답은 과거도 아닌 현재도 아닌 미래에 있었습니다. 그리고 그 답을 증명해 가는 과정에 현재가 중요하다는 것을 알게 되었습니다. 질문이라는 도구를 통해 저는 자유로워졌습니다.

이젠 답을 찾기 위해 고민하지 않습니다. 오히려 질문을 고민합니다. 좋은 질문을 만들면 그 답은 언제든 튀어나올 준비가 되어 있다는 걸 알았기 때문입니다.

이제 가장 쉬운 방법으로 여러분에게 맞는 천직을 찾아보려고 합니다.

저는 질문하고 여러분은 대답할 것입니다.

여러분의 대답을 돕기 위해 저의 사례를 공유할 것입니다.

이 과정을 통해 여러분은

1. 명료한 삶의 의도를 찾을 수 있습니다.

2. 가슴 뛰는 소명을 찾을 수 있습니다.

3. 미래의 비전을 세울 수 있습니다.

이 과정 또한 마음이 편안하고 여유로운 상태에서 시작하는 게 좋습니다. 또한 한 번으로 끝나는 일이 아닙니다. 매우 오랜 시간이 걸릴 수도 있습니다. 그러나 여러분이 멈추지 않고 이 과정을 계속 한다면 분명한 길이 보일 것입니다.

이 과정은 많은 상상력을 필요로 합니다. 처음엔 어렵습니다. 당연합니다. 안 해봤기 때문입니다. 그러나 자주 하면 쉬워집니다.

명료한 삶의 의도를 찾아라

첫 번째 질문

여러분은 '사람'이라는 단어를 들으면 어떤 게 제일 먼저 떠오르나요? 혹은 '사람' 속에서 당신은 어떤 모습으로 있길 원하나요? '사람' 속에서 가장 행복할 때는 무엇을 할 때인가요? '사람은 이러이러해야 한다.'라고 생각하는 것은 무엇인가요?

여러분이 미래의 어느 날, 어떤 사람들과 어디에서 무엇을 하고 있는지 상상해보세요. 어떤 것이든 좋습니다. 여러분이 '사람' 하면 떠오르는 그 단어를 적어보세요. 될 수 있으면 가장 짧은 단어로 표현해 보세요.

그리고 가만히 그 단어를 바라보고 떠오르는 생각들을 자유롭게 기억하고 느껴보세요.

여러분의 이해를 돕기 위해 저의 사례를 공유합니다.

저는 '사람' 하면 '함께' 라는 단어가 떠오릅니다. 그러나 '함께' 라는 단어는 제게 낯선 단어였고 한 번도 익숙하게 써보지 않았던 단어입니다. 3박4일의 내면아이치유를 마치고 왔지만 뭔가 해결되지 않은 것이 있습니다. 봉사를 싫어하는 제가 봉사를 선택했습니다. 그곳에서 두 명의 선배기수를 만났습니다. 우리는 이름으로 부르지 않고 별칭으로 부르는 규칙이 있었는데 한 분의 별칭은 '나비' 였습니다. 저와 같은 별칭이어서 기억하기 쉬웠습니다. 또 다른 분은 '함께' 였습니다. 그런데 이 두 마디의 단어가 생각나지 않아 계속 물어봤습니다. '함께' 는 이 단어가 그렇게 안 외워지냐고 했습니다. 그러게요. 안 외워지더라구요. 돌아서면 잊어버리는 겁니다. 살짝 미안했습니다. 저도 의아했었습니다. 이상하다?

봉사를 하게 되면 집단 상담에 직접 참여할 수는 없습니다. 식사 때를 제외하고는 그들과 함께 있는 시간도 없습니다. 저는 다른 사람들이 어떻게 행동하는지 참 궁금했습니다. 규칙을 어기고 몰래 엿봤습니다. 사람들이 손을 잡고 노래를 부르고 있었는데 그 모습에 이상하게 마음이 뭉클해져 눈물이 났습니다. 어렸을 때 친구들과 함께 스카우트 활동을 하던 때가 기억났습니다. 늘 혼자였다고 생각했던 과거의 저 대신 친구들과 함께 하고 있는 모습이 떠올랐습니다.

'나도 저렇게 친구들과 함께 놀던 시간들이 있었구나.……'

그 기억을 떠올리자 '함께' 의 별칭을 잊지 않게 되었습니다. 두 분과 저녁 휴식 시간에 그 이야길 나눴습니다. 그리고 제가 집단모임에서 유난히 사람들과 손을 잡고 춤을 추거나 노래를 부르는 시간이 되면 눈물을 흘린 이유를 알게 되었습니다.

'나는 사람들과 함께 하고 싶어 하는구나. 그래서 늘 외로웠구나.……'

그날 밤 언니들과 뒹굴며 장난을 치는데 제 자신이 깜짝 놀랐습니다. 한 번도 낯선 사람과 그렇게 어울려보지 않았는데 참 편안하게 느껴졌습니다. 깔깔대며 웃는 제가 정말 기뻤습니다. 사람들과 함께 할 때 즐거워하는 저를 발견하니 사람들을 만나러 가는 게 더욱 즐거워졌습니다. 저는 사람들과 '함께' 있을 때 행복합니다.

두 번째 질문

여러분은 '일'이란 단어를 들으면 어떤 게 제일 먼저 떠오르나요? '일'을 할 때는 어떤 기분이 들길 원하나요? '일'은 당신에게 어떤 의미인가요?

여러분의 미래에 일을 통해서 무엇을 느끼고 얻으려고 하는지 상상해보세요. 무엇이든 좋습니다. '일' 하면 떠오르는 단어를 적어 보세요. 될 수 있으면 가장 짧은 단어로 표현해 보세요. 그리고 가만히 그 단어를 바라보고 떠오르는 생각들을 자유롭게 기억하고 느껴보세요.

여러분의 이해를 돕기 위해 저의 사례를 공유합니다.

저는 '일' 하면 '재미' 라는 단어가 떠오릅니다. 일을 할 때 재미가 있어야 합니다. 이제껏 많은 이직을 한 이유는 일을 하다 재미가 없으면 그냥 그만뒀습니다. 돈을 버는 일도 재미있었기 때문에 했던 일이었습니다. 그런데 그 돈 버는 일이 자존심이 상하는 기분이 들고 그것만 생각하면 머리가 아프고 즐기지 못하게 될 때 그 일을 해내기가 어려웠습니다.

　저는 26살에 미래를 위해서 영업을 배워보는 게 좋을 거 같다는 생각을 했습니다. 손해보험설계사를 하려고 영업소에 직접 찾아갔습니다. 그때 소장님과 여러 주임설계사 분들이 깜짝 놀라셨습니다. 보험회사에는 설계사를 증원하는 일이 보험을 계약을 하는 것보다 오히려 중요한 일입니다. 그런데 아무런 광고나 유치자도 없는데 해보겠다고 젊은 여자가 들어왔으니 놀랄 일이 당연합니다. 그때 제가 영업소의 최연소가 되었습니다. 왜 그랬을까? 재미있을 거 같았습니다. 해보지 않은 일이니 호기심이 생겼습니다. 그런데 그 일은 제가 가장 힘들어 하는 일이었습니다. 보험을 판다는 것은 정말 힘들었습니다.

　그럼에도 그 일을 할 수 있었던 건 사람들과 함께였기 때문이었습니다. 계약은 잘 못했는데 증원을 하니 팀장이 되었습니다. 계약이 없어 소장님께서 닦달하셨을 땐 팀원들을 데리고 팔당으로 양수리로 돌아다녔습니다. 그러면 에너지가 올라온 팀원들이 성과를 냈습니다.

　그런데 시간이 흐르면서 점점 그 일은 제게 재밌는 일이 아니라 책임을 지는 일이 되었습니다. 채워야 할 성과가 부담이 되니 재미가 없어졌습니다. 매 주, 매 달 성과에 눌려 출근하는 일이 고역이 됐습니다. 결국 출산을 핑계로 그만뒀습니다.

　제가 집안일을 좋아하지 않는 것도 재미가 없기 때문입니다. 성취감을 느끼고 뭔가 변화가 생기는 일을 좋아하는데 치워놓으면 다시 어질러지고, 먹으면 다시 해야 하고, 티도 안 나고 뿌듯함도 없는 집안일이

123

참 재미없습니다. 그러고 보면 성취하는 재미, 새로운 것을 시도하는 재미를 원하는 것 같습니다.

지금도 제가 하는 일이 재미있습니다. 일은 제게 '재미'를 주는 도구입니다.

세 번째 질문

'몸'에게 말을 걸어보세요. '몸'이 여러분에게 뭐라고 말을 하나요?
몸에게 '네가 진짜 원하는 게 뭐야?' 라고 물어보세요.

몸은 여러분에게 끊임없이 메시지를 주고 있습니다. 여러분이 그것
을 들어주면 몸은 편안해지고 즐거워합니다. 그러나 그것을 외면하면
여러분의 몸은 여러분에게 고통을 줍니다. 될 수 있으면 가장 짧은 단
어로 표현해 보세요. 그리고 가만히 그 단어를 바라보고 떠오르는 생
각들을 자유롭게 기억하고 느껴보세요.

여러분의 이해를 돕기 위해 저의 사례를 공유합니다.

저는 '몸'이 제게 '움직여라' 라고 말합니다. '안 움직이니까 허리가
아프지.' 라고 말합니다.

저는 어렸을 때부터 허리가 많이 아팠습니다. 일 년에 한번은 일어날
수조차 없어서 꼬박 누워있어야 했습니다. 그래서 몸을 사용하는 일을
별로 좋아하지 않습니다. 한동안 운동을 하다가 코칭공부에 빠져들면

서 책을 읽느라 움직이지 않았습니다. 몸에 살이 찌는 느낌이 들고 머리에서 흰머리가 나오는 느낌이 느껴졌습니다. 그래도 알아가는 즐거움에 움직이지 않았습니다. 허리가 다시 아파 치료를 받았습니다. 선생님께서 잠시 걷기라도 하시죠. 라고 하셨는데 치료받으면 되지 싶어서 미뤘습니다. 정작 강의를 나가서 두 시간씩 서있으려니 다리가 아프고 허리가 아파왔습니다. 몸이 하는 말을 듣지 않았기 때문이었습니다. 그래서 낮은 산에도 올라가 보고 공원을 몇 바퀴씩 돌았습니다. 그런데 몸을 움직이는 게 또 싫어졌습니다. 운동을 싫어하는 저는 꾀를 냈습니다. 가장 쉽게 할 수 있는 운동이 뭘까? 저는 108배를 선택했습니다. 20분이면 할 수 있었기 때문입니다.

친구가 산엘 가자고 했습니다. 저는 너무 높으니 아래에서 놀다가 오겠다고 했는데 할머니들이 올라가시는 것을 보고 쉬운가 보다 하며 따라 올라갔습니다. 그러다 그냥 정상까지 올라가버렸습니다. 친구가 더 힘들어 했습니다. 친구는 저보고 운동을 하냐고 했습니다.

"아니. 108배만 해."

"그 힘든 걸?"

"안 힘들어. 20분이면 되는데?"

누구나 다 쉽게 생각하는 운동이 있다는 걸 알았습니다. 전 몸이 하는 말에 귀를 기울입니다.

126

네 번째 질문

여러분이 느끼는 감정 중 '최고의 기분'을 표현하는 단어는 무엇인가요?

그 기분을 느끼면 머리가 맑아지고 마음이 편안해지고 또 다시 느끼고 싶습니다. 여러분이 성공했던 기억을 떠올려 보고 그 때의 감정을 기억해 보세요. 오래 생각하지 말고 직감적으로 떠오르는 어떤 장면 속에서 느꼈던 그 감정단어를 써보세요. 될 수 있으면 가장 짧은 단어로 표현해 보세요. 그리고 가만히 그 단어를 바라보고 떠오르는 생각들을 자유롭게 기억하고 느껴보세요.

여러분의 이해를 돕기 위해 저의 사례를 공유합니다.

저는 '최고의 기분' 하면 뿌듯함이 떠오릅니다. 어떤 일에 도전했을 때, 어떤 일을 이뤄냈을 때 그런 기분을 느낍니다. 다른 사람을 도와주었는데 그가 그 도움으로 성장했을 때 뿌듯함이 느껴집니다. 다시 또 느끼고 싶습니다. 그래서 또다시 그 행동을 하고 또 느낍니다. 아마도 마약을 하는 사람들이 다시 그 기분을 느끼고 싶어 계속하지 않을까 싶습니다. 저는 이 기분을 느끼지 못할 때 더 많이 먹거나 잠을 잡니 다.

어느 날 전 다이어트 하는 방법을 바꿨습니다. 먹는 것을 줄이는 대 신에 뿌듯함을 느낄 수 있는 사건들을 더 많이 만들어내기로 전략을 바꿨습니다. 그 기분을 느끼면 저는 밥을 안 먹어도 군것질을 안 해도 배가 부르는 기분이 드는 걸 알아챘기 때문입니다. 뿌듯함을 느끼면 음식이 절제가 되고, 시간을 잘 활용합니다. 반대로 무엇인가 제가 먹 는 것을 늘이고 있을 때 '아, 내가 뿌듯함을 느끼지 못해서 그렇구나' 하고 알아챕니다. 그리고 가장 쉽게 그 기분을 느낄 수 있는 것들을 만 들어 냅니다. 가볍게 산책을 하거나 음악을 듣거나 다른 사람을 만납 니다. 그리고 도움을 주는 어떤 행동을 합니다. 그러면 그 행동을 통해 저는 분명 배웁니다. 그러면 배웠다는 뿌듯함이 밀려옵니다. 그리고 그것을 적용할 방법들을 또 연구합니다.

저는 '뿌듯함'을 느낄 때 가슴이 펴지고 '충만감'을 느낄 때 몸과 마 음이 고요해집니다.

여러분은 이 작업(과정)을 하는 동안 어떤 생각과 감정이 들었습니 까? 4가지 영역에서 느꼈던 생각과 감정은 이미 과거에도 느꼈던 기분 일 것입니다. 그리고 미래에도 느끼고 싶은 기분일 것입니다. 우리는 4 가지 영역에서 이것들을 느끼며 살고 싶은 것입니다.

4가지 영역의 핵심단어를 통해 여러분이 원하는 삶을 좀 더 명료하게 느끼도록 도와드리겠습니다.

각 영역의 핵심 단어를 다시 한 번 정리해 보세요. 여러분의 이해를 돕기 위해 저의 사례를 공유합니다.

- 사람 : 함께
- 일 : 재미
- 몸 : 움직여라
- 정신 : 충만감

위에 4단어를 조합해서 가장 짧고도 명료한 문장을 완성해 보세요.

'함께 움직이며 재미와 충만감을 느끼는 삶을 살고 싶다'

이것이 제가 원하는 삶의 의도입니다.

누군가 제게 '당신은 어떤 삶을 살고 싶습니까?' 라고 묻는다면 사람들과 함께 하며 일을 통해 재미를 느끼고 몸을 위해 움직이며 매일 충만감을 느끼는 삶을 사는 것이라고 말할 것입니다.

때때로 제가 어디로 가고 있는지 모를 때 밤하늘을 올려다봅니다. 그러면 깜깜한 밤하늘에 빛나는 별이 제게 말해줍니다. '함께 움직여라. 그러면 재미와 충만감을 느낄 수 있을 거야.' 그러면 제가 어디로 가고자 했는지, 무엇을 해야 할지 또 생각이 납니다. 다시 힘이 납니다.

여러분도 문장을 완성해 보세요. 그리고 마음에 들 때까지 수정해 보세요. 더 이상 짧게 만들 수 없을 때 그것은 완전한 문장입니다. 그리고 자신에게 다정하게 말해주세요. 또는 저처럼 별을 하나 정해서 듣고 싶을 때 들으세요. 여러분만의 북극성을 만나세요.

앞 장에서 선택했던 직업은 내가 원하는 삶을 살기 위한 도구입니다. 직업은 도구일 뿐입니다. 여러분 자신이 아닙니다. 마음의 소리에 귀를 기울여 여러분이 진짜 원하는 삶을 그려보세요.

다음은 자신의 삶의 의도를 발견한 사람들의 이야기입니다.

– 지금처럼 해 함께, 그러면 경제적 안정과 뿌듯함을 줄 거야

　　(42세, 여)

　늘 무엇인가 더해야 한다고 생각해서 힘들었습니다. 지금도 충분하고 지금처럼만 하면서 인생을 즐기고 싶습니다.

– 서로에게 도움이 되는 인간관계를 만들어 만족과 보람을 느껴라

　　(38세, 여)

　사람들을 도와주는 게 즐거웠는데 어느 순간 나는 도움을 받는 게 없었어요. 내가 인간관계를 못하는 사람인가 싶더라고요.　서로 도울 수 있는 사람들과 관계를 맺고 싶었던 것을 알게 되니 마음이 편하고 오히려 자유로워지네요. 내가 모두를 돕지 않아도 되니까요.

– 편하게 놀면서 자유로움을 즐겨라 (18세, 여)

　먹고 살기 위해 아등바등 하면서 꿈을 가지라고 하는 어른들, 입에 풀칠하는 이야기를 들려주며 힘들게 돈을 버는 게 인생이라고 말하는 어른들에게 다른 사람들 의식하지 않고 즐겁게 꿈꾸는 것들을 할 수 있다는 것을 보여주고 싶어요.

- 한결같은 열정으로 뿌듯함과 여유를 즐겨라 (46세, 여)

사람들과 함께 일하고 싶었는데 맘이 서로 통하지 않아 오해가 생기고 불신이 생겨 계속 일을 할 수 없어 속상했어요. 나랑 맞지 않는 사람들과 일하는 것 대신에 하고 싶은 일을 하며 마음이 맞는 사람들과 일하고 싶네요.

- 사람들과 연결되길 원하면 휴식을 취해라. 그러면 즐겁게 성취감을 느낄 것이다 (53세, 여)

사람들과 연결되는 느낌을 갖기 위해 쉼 없이 일했는데 어느 순간에 제 자신이 너무 지쳤어요. 쉰다는 것을 내 자신에게 허락 하는 게 쉽지 않네요. 그렇지만 시도해 보겠어요. 그게 다른 사람을 위하는 일이기도 하니까요 난 사람들과 연결될 때 행복해요.

- 신뢰하고 쉬어라 그러면 성실하고 뿌듯함을 느끼는 삶을 살 수 있다 (47세, 여)

사람들을 믿는 게 어려워요 끊임없이 나에게 요구하는 것 같아요. 쉬고 싶다고 생각했지만 한 번도 쉬었다는 느낌을 받은 적이 없어요. 이제 내가 뭘 원하는지 알았어요. 충분히 쉬어볼래요. 공부도 멈추고 사람 만나는 것도 멈추고 쉬어보겠어요.

– 편안함을 느끼며 몸을 아껴 써라 (56세, 여)

사람들과 좋은 관계를 맺고 일에서 성취하는 것에만 집중했는데 나이가 들고 보니 예전 같지 않네요 내가 편해야 다른 사람들과 좋은 관계를 맺고 일에서도 성취감을 느낄 수 있을 것 같아요. 좀 더 나를 편안하게 놔줘야겠어요.

– 현재의 생활 속에서 사랑과 기쁨을 느끼고 현재에 만족하라
  (45세, 여)

항상 무언가를 성취하려고 노력했고 사람들에게 필요한 도움을 주기 위해 노력했는데 원하는 만큼 돌아오지 않아 속상했어요. 보상을 바란다고 생각하지 않았었는데 그게 아니었나봐요. 내가 줄 수 있는 만큼만 주면서 살겠어요.

가슴 뛰는 소명을 찾아라

소명이라는 단어는 주로 종교적인 느낌이 듭니다. 흔히 수도자나 사제 등의 특수한 신분을 가진 사람들에게 신에 봉사하도록 하는 것을 일컫는 말로 부르심(calling)을 받았다라고 표현됩니다. 여기서 제가 쓰고자 하는 소명은 '부르다' 라는 의미의 라틴어 '보카레(vocare)에서 유래한 천직(vacation)을 쓰고자 합니다.

자신의 행복만을 위하는 일로서의 직업이 아닌 누군가에게 의미 있는 일을 하는 직업으로서의 천직을 소명이라 부르고자 합니다. 왜냐하면 사람은 누구나 다른 사람에게 기여하고 싶은 존재이고 일이라는 것을 통해 기여할 수 있다고 믿기 때문입니다.

직업을 통해 누군가에게 기여할 수 있다면 더 의미 있을 것이고 직업에 대한 관점이 달라질 것이라고 믿습니다. 이 소명을 발견한 것이 제게 특별한 이유는 평범한 사람인 제 자신이 다른 사람을 위해 할 수 있는 일이 있다는 것을 앎으로서 참 쓸모 있는 사람이구나 생각하게 된 것입니다. 또한 저에 대한 기대가 생기고 그것을 할 수 있는 사람이라는 신뢰를 갖게 되었습니다.

아마도 소명이 없었다면 어려움을 만났을 때 포기했을 것입니다. 소명으로 인해 한 방향으로 갈 수 있었고 시간과 비용이 절약 되었습니다. 흔들렸을 때 나 아닌 다른 누군가를 위한 일이기도 했기에 버틸 수 있었습니다.

여러분에게도 이 과정이 방향을 찾는 시간이 되길 기대합니다.

소명은 3가지 요소로 구성됩니다.

1. 기여의 대상
2. 기여하고 싶은 것
3. 가슴 뛰는 동사

저의 소명은 '모든 사람들이 진짜 원하는 일을 찾아 실행 하도록 돕는다.' 입니다.

지금 이 글을 쓰는 이유이기도 합니다. 제게 소명이 없었다면 이 글을 쓰지 않았을 것입니다. 글을 잘 쓰는 것도 아니고, 유명인도 아닌 제가 굳이 이것을 하는 이유는 좀 더 쉽게 찾는 방법을 알려드리고 여러분이 원하는 일을 선택하는데 도움이 되길 기대하기 때문입니다.

물론 현재의 소명으로 처음부터 출발했던 것은 아닙니다. 계속 탐색

하고 바뀌었습니다.

여러분도 그럴 것입니다. 그게 당연합니다. 우리는 계속 경험을 통해 배울 것이기 때문입니다. 시간이 흘러 변한다 하더라도 어떤 연결점을 갖고 있습니다. 소명은 여러분에게 어떤 방향성을 제시할 것입니다.

제가 처음 찾았던 소명은 '교육에서 소외된 청소년들과 여성들에게 동기를 부여하고 격려하는 일을 하는 것'이라고 썼습니다. 이 한 문장이 제가 40이 넘었음에도 불구하고 공부를 시작했던 계기였습니다. 제가 하는 공부가 청소년과 여성들을 위한 일이라니 더 뜻이 깊었습니다. 이 문장을 통해서 길을 나섰고 그 길속에서 더 큰 길을 발견했습니다.

소명과 사명이란 말은 비슷한 의미로 쓰이고 있는데 저는 이를 구분하여 사용하려고 합니다. 과정을 통해 소명과 사명을 정립하실 수 있습니다.

이 과정은 마음이 편안하고 여유로운 상태에서 시작하는 게 좋습니다. 아마도 앞 장의 여행보다 더 오래 걸릴 수 있습니다. 중요한 것은 여러분이 이 방법을 아는 것이고 관심을 갖고 계속해 나가는 것입니다. 여러분이 원하는 미래로 가는 길에 소명은 분명한 길을 내줄 것이라 믿습니다.

삶의 교훈

먼저 지난 삶을 통해 가장 성공했거나 긍정적인 기억으로 간직하고 있는 것들을 5가지만 떠올려 보세요. 그 때의 경험을 통해 그것을 가능하게 했던 생각을 교훈으로 만들어보세요.

반대로 지난 삶을 통해 가장 실수했거나 부정적인 경험으로 간직하고 있는 것들을 5가지만 떠올려 보세요. 그 때의 상황으로 다시 돌아간다면 어떻게 생각하거나 행동하면 그것을 긍정적으로 바꿀 수 있는지 교훈으로 만들어보세요. 이 때 핵심단어를 사용하여 가장 짧은 문장으로 써보세요.

여러분의 이해를 돕기 위해 저의 사례를 공유합니다.

– 긍정적 경험을 통한 교훈

긍정적 경험	얻은 교훈
1. 초등학교 4학년 때 처음 공부 목표 세워 목표를 이루었음	목표를 세워라
2. 아버지와 함께 발표하러 갔던 날 떨지 않음	여유를 가져라
3. 보험회사에 찾아갔던 일	도전하라
4. 코칭강사가 되기로 결심한 것	원하는 일을 실행하라
5. 책을 쓰기 시작한 것	도전하라
최고의 경험을 통해 얻은 교훈	원하는 일을 실행하라

– 부정적 경험을 통한 교훈

부정적 경험	얻은 교훈
1. 웅변대회 포기한 일	못하는 건 거절해라
2. 중3 때 원하는 학교 못가서 공부 소홀히 한 일	다른 목표를 세워라
3. 대학교 포기한 일	다른 방법을 찾아라
4. 원하는 일을 못 찾아 답답함	진짜 원하는 일을 찾아라
5. 남편의 부도	자신을 책임져라
최저의 경험을 통해 얻은 교훈	진짜 원하는 일을 찾아라

– 긍정적 경험을 통한 교훈

긍정적 경험	얻은 교훈
1.	
2.	
3.	
4.	
5.	
5개 중 최고의 경험을 통해 얻은 교훈	

– 부정적 경험을 통한 교훈

부정적 경험	얻은 교훈
1.	
2.	
3.	
4.	
5.	
5개 중 최저의 경험을 통해 얻은 교훈	

이제 최고의 경험을 통해 얻은 교훈과 최저의 경험을 통해 얻은 교훈을 한 문장으로 요약해 보겠습니다.

여러분의 이해를 돕기 위해 저의 결과를 공유합니다.

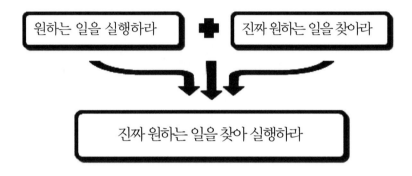

– 한 문장으로 정리하기

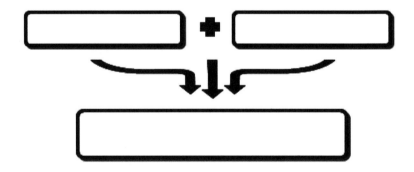

이제 성공과 실패의 교훈을 통한 삶의 교훈을 찾았습니다.

여러분은 긍정적인 경험과 부정적인 경험을 떠올리면서 어떤 생각과 감정이 들었나요?

우리가 갖고 있는 긍정적인 경험과 부정적인 경험은 모두 우리에게 선물입니다. 그 상황을 통해 우리는 배우고 그 교훈은 현재의 문제를 해결하는데 응용할 수 있습니다.

여러분이 좀 더 많은 기억을 떠올리고 교훈으로 정리하길 기대합니다.

여러분이 자신의 삶의 경험을 진심으로 사랑하길 기대합니다.

기여의 대상 찾기

여러분이 앞에서 찾은 삶의 교훈을 가만히 바라보세요. 자신이 얻은 이 교훈을 돈을 받지 않고도 알려주고 싶은 사람이나 단체를 찾아보세요. 우리는 삶의 어려움을 극복해 냈을 때 그 경험을 다시 자신처럼 힘든 상황을 겪고 있는 누군가에게 알려주고 싶어 합니다.

다음의 표를 보고 찾거나 직접 대상자를 써 보세요.

기여의 대상				
가난한 사람	연구	방송	건축	노인
부동산	안전, 경호	모든 사람들	농업	사법제도
경영	부부	사진	약학	경제
동물조련사	사회복지	어린이	청소년	관광사업
디자인	생물공학	에너지 개발	관리	사회체육
서비스	마술	여성 권리신장	광고	컴퓨터
성 문제	여행	교육, 학교	모델	수산업
연예관련업	국방, 군대	미술	스포츠	영업, 판매
금융업	소외여성	신문	영화	요식업
이벤트 업	종교(신자)	토목	우주개발	인테리어
정치	통신업	원예	자동차	지역사회
패션	은행, 보험	신문, 잡지	집 없는 사람	해외 개발
음악	전기, 전자	축산업	게임, 완구	의학
인쇄, 출판	이발, 미용	건강	법	상이용사
약물남용	레크레이션	영양	비영리단체	교회
영적인 것	신체장애자	공공안전	인성계발	태아
탁아시설	정의	가정, 가족	노사관계	예술
음악	건축	정부	문학	행위예술
몸이 불편한 사람환경, 자연보호		모든 사람들	동물 보호와 권익	

가슴 뛰는 동사 찾기

다음의 동사표를 보고 이걸 하면 정말 뜻 깊고, 의미 있겠다 싶은 동사를 모두 찾아보세요. 찾은 동사 중에서도 가장 마음에 드는 동사 3개를 찾으세요. 3개의 동사 중에서 자신의 묘비명에 어떤 사람으로 기억되고 싶은지 가장 의미 있는 동사를 하나 선택하세요.

묘비명에 선택한 그 단어가 자신의 가슴 뛰는 동사입니다.

여러분의 이해를 돕기 위해 제가 선택한 결과를 공유합니다.

가슴 뛰는 동사 3가지

알려준다

말해준다

돕는다

묘비명: '조서연. 다른 사람을 돕다'

- 동사표

경영한다	기쁨을 준다	고친다	가르친다	경청한다
고안한다	감독한다	깬다	공감한다	개선한다
공유한다	경쟁한다	관리한다	감동시킨다	강화시킨다
감상한다	감소시킨다	고양시킨다	갱신한다	깨닫게 한다
고취한다	개정한다	구축하다	결합시킨다	교육한다
결정한다	꿈꾼다	관찰한다	그린다	거래한다
갖는다	격려한다	기획한다	공연한다	계산한다
갱신하다	나눈다	논다	노래한다	동기를 부여한다
돌본다	도전한다	다가간다	다룬다	대항한다
다듬는다	디자인한다	달린다	대접한다	돕는다
명령한다	만난다	모험한다	말한다	믿는다
모방한다	만든다	묵상한다	모은다	봉사한다
분별한다	변호한다	분류한다	분석한다	빛나게 한다
반복한다	발견한다	반영한다	발굴한다	본다
보여준다	발전시킨다	방어한다	보유한다	부흥시킨다
분배한다	보호한다	번역한다	부여한다	배운다
상담한다	식별한다	수배한다	설명한다	시도한다
시작한다	사랑한다	시킨다	사용한다	설득한다
수여한다	선발한다	성취한다	세운다	소유한다
수선한다	수행한다	선택한다	쓴다	쌓는다
설계한다	심사한다	사색한다	생산한다	실험하다
승인한다	수집한다	인식한다	요리한다	움직인다
완수한다	영향을 미친다	의사소통 한다	일깨운다	연결시킨다
용서한다	일한다	알려준다	유도한다	열중한다
이끈다	유지한다	육성한다	이행한다	요구한다
인도한다	위임한다	이해시킨다	이해한다	완수한다
연주한다	약속한다	운동한다	원활하게 한다	완성한다
이끌어낸다	연출한다	운영한다	운전한다	연기한다
안내한다	여행한다	웃음을 준다	연구한다	안다
존경한다	조직한다	즐겁게 한다	적용시킨다	지원한다
진행한다	준비한다	종사한다	조사한다	작곡한다
주장한다	지속한다	제시한다	주시한다	진행시킨다
점화한다	조율한다	지지한다	지원한다	주최한다

적용하다	제공한다	전진한다	전달한다	짓는다
정리한다	장려한다	질문한다	지휘한다	제작한다
치료한다	치유한다	즐긴다	찾는다	주장한다
춤춘다	추진한다	칭찬한다	촉진한다	창조한다
쫓는다	코칭한다	추구한다	착수한다	참여한다
통과시킨다	탐험한다	통합한다	캐낸다	키운다
통합한다	판단한다	토론한다	타협한다	탐사한다
평가한다	표현한다	평정시킨다	판매한다	포용한다
확장시킨다	활용한다	협상한다	편집한다	푼다
획득한다	회복시킨다	희생한다	향상시킨다	푼다
힘쓴다	흥분시킨다	해방시킨다	확정한다	협력한다
학습한다	형성한다	해결한다	해결한다	활발하게 한다
확인한다	힘을 준다			

이제 소명 문장을 완성해 보겠습니다.

소명 문장은 쉽게 외울 수 있고, 누구라도 이해할 수 있는 한 문장으로 구성되어야 합니다. 그래야 두뇌에서 쉽게 인식할 수 있고 그래야 행동할 수 있습니다.

또한 소명 문장엔 3가지 요소가 포함되어야 합니다.

(자신의 이름) 은/는 **(기여의 대상자)** 에게(이, 가) **(삶의 교훈)**을/를 **(가슴 뛰는 동사)** 한다.

여러분의 이해를 돕기 위해 저의 결과를 공유합니다.

조서연은

모든 사람들이

진짜 원하는 일을 찾아 실행하도록

돕는다.

여러분도 여러분만의 문장을 완성해 보세요. 자연스럽게 문장이 이어질 수 있도록 다듬어 보세요. 더 이상 뺄 것이 없을 때 비로소 완전한 문장이 됩니다.

이제 눈을 감고 기여의 대상자에게 위의 문장대로 실제로 그렇게 행동하고 있는 자신을 상상해보세요. 이때 자신이 좋아하는 음악을 들으면서 한다면 더욱 좋습니다. 제가 진행하는 워크샵에서는 러브 홀릭의 버터플라이를 사용합니다. 음악을 들으며 생생하게 미래의 모습으로 들어가 보세요. 시작합니다.

여러분, 기여의 대상자에게 여러분의 삶의 교훈을 알려주는 상상을 할 때 어떤 기분이 들었나요? 여러분의 가슴이 뛰었나요? 가슴이 뭉클해졌나요?

여러분의 가슴이 뛰고 뭉클해졌다면……. 바로 그것이 여러분이 원하는 '꿈'입니다.

꿈은 직업이 아니라 동사입니다. 무엇을 '하는 것'입니다. 그것을 어떤 직업을 통해 발휘할 때 우리는 그 직업을 '천직'이라고 합니다.

천직이란 자신에게 맞는 완벽한 직업이 아닙니다. 자신이 직업을 통해 의미를 부여하는 '그 무엇' 입니다.

여러분이 선택한 3개의 가슴 뛰는 동사를 지금 하고 있는 일에서 발휘하세요. 여러분이 선택한 3개의 가슴 뛰는 동사를 미래의 삶 속에서 계속 발휘하세요. 꿈은 미래의 어떤 날에 하는 게 아니라 바로 지금 하는 것입니다. 분명 어제의 일과 다르게 느껴질 것입니다. 꿈을 미룰 필요가 없습니다. 오늘 꿈의 동사를 연습하면 그 동사는 살아 움직여 여러분의 미래가 될 것입니다.

지금 하고 있는 일에서 가슴 뛰는 동사가 발휘될 때 그 일은 천직이 되고 또 다른 천직에 도전할 용기를 줄 것입니다.

꿈은 당신의 소명을 위한 도구이고, 당신이 원하는 삶을 위한 도구입니다. 여러분이 앞 장에서 선택한 직업을 천직으로 만드십시오.

이제 긴 여행이 끝났습니다.

이제 여러분이 그 꿈을 조금 더 키우기 위해 오늘 하루를 어떻게 보내야 할지 알려드리겠습니다.

여러분은 긍정적인 경험과 부정적인 경험을 통해 삶의 교훈을 한 문장으로 만들었습니다.

제 경우 '진짜 원하는 일을 찾아 실행하라' 입니다.

바로 이것이 사명입니다. 사명이란 자신에게 맡겨진 임무입니다, 바로 오늘 자신에게 맡겨진 일입니다. 내가 그것을 행동하지 않는데 어떻게 다른 사람에게 알려주고 하라고 하겠습니까?

바로 오늘, 내가 해야 할 일입니다.

저녁에 잠자리에 들 때 그것을 실행한 만족도를 10점 만점에 몇 점인지 점검하십시오. 내일 또 그 일을 하고 저녁에 점검하십시오.

자신이 10점에 7점을 주고 만족하면 그걸로 충분합니다. 내일은 8점으로 올리고 싶다면 1점을 높일 수 있는 그 행동을 실천하면 됩니다.

자기 마음입니다. 다른 사람이 평가해서 주는 점수가 아니라 자신이 스스로 평가하고 마음대로 주십시오. 평가로부터 자유로워지십시오. 그렇게 매일 자신의 맡겨진 사명을 점검하고 그것이 쌓이면 그것은 자신의 전문 분야가 됩니다. 저는 여러분이 1인 기업으로 성장하기를 진심으로 기대합니다.

저의 사명 '진짜 원하는 일을 찾아 실행하라'를 점검해 봅니다. 오늘은 10점 만점에 10점입니다. 왜냐하면 오늘 하루 종일 글쓰기에 도전했고 원하는 만큼 썼기 때문입니다. 내일은 또 내일 진짜 원하는 일을 찾아 하면 됩니다.

원하는 일을 찾고 보니 불안하고 두렵습니까?

그렇다면 당신은 천직을 찾으셨습니다. 천직은 용기를 필요로 합니다.

저도 책을 낸다는 것이 두렵습니다. 그러나 글을 쓴다는 건 사람과 만나기 위한 도구일 뿐입니다. 도구는 손에 익히면 편합니다. 그래서 전 두렵지만 글로 알려드리는 연습을 합니다.

두려움은 당신이 그것을 잘해내고 싶기 때문에 드는 감정입니다. 두려움으로 앞으로 나갈 수 없다면 그 때가 바로 저를 만나야 할 '때' 입니다. 그 두려움을 그대로 갖고 오십시오. 당신의 두려움이 주는 선물을 찾아드리겠습니다.

제 앞에 많은 사람들이 있습니다. 그 분들 앞에서 진짜 원하는 일을 찾는 방법을 알려줍니다. 가장 쉽고 재밌게 실행하는 방법을 알려줍니다. 상상만으로도 가슴이 뭉클합니다. 가슴이 뜁니다.

제가 가장 힘들었던 그 때 누군가가 가장 쉽게 그 일을 할 수 있는 방법을 알려주기를 간절히 원했습니다. 저를 도와주기를 간절히 원했습니다.

이제 제가 그 일을 하고 있습니다.

저는 코치이며, 강사이자, 교육 사업가입니다.

진짜 원하는 일을 찾아 도전한 여러분이 자신의 분야에서 1인 기업으로 성장할 수 있도록 돕겠습니다.

원하는 것을 매일 상상하라

이제 여러분은 소명을 실현할 직업 즉 천직을 찾으셨습니다. 그목표를 이룰 수 있는 가장 쉽고 재밌는 방법을 알려드리려고 합니다.

첫 번째, 꿈목록을 적습니다.

적는 것을 소홀히 했던 저는 어떤 강의를 받아도 메모를 하지 않았습니다.

'아, 저거구나!'

'이제 알겠네.'

이 정도에서 끝났습니다. 그런데 수업시간에 강의내용도 아니고 원하는 것들을 써보라고 하니 도대체 뭘 써야 할지 몰랐습니다. 머릿속에 있는 생각들을 끄적끄적 써 본 기억은 있지만 구체적으로 꿈목록을 작성하는 시간엔 정작 쓸게 없었습니다. 많은 것들이 있을 줄 알았는데 원하는 것들이 없다는 것을 알았습니다. 갖고 싶은 것, 하고 싶은 것, 가고 싶은 곳, 되고 싶은 모습을 쓰는 게 어려웠습니다.

저뿐만이 아니었습니다. 어떤 분은 진짜 쓸 게 하나도 없다고 했습니다. 우린 모두 그 분이 부럽다고 했습니다. 아파트도 있고, 차도 있고, 시부모님이 물려주실 재산도 있고 뭐하나 부족함이 없는 환경이 부러웠습니다.

저는 일단 되고 싶은 모습 란에 유능한 코칭강사, 코칭 받고 싶어 하는 코치라고 썼고 나머지 칸을 몇 개씩 채웠습니다.

2009년 9월 2일. 처음으로 제가 되고 싶은 모습을 종이에 쓴 날입니다. 신기한 것은 수업이 끝나고 1주일 동안 제 머릿속에 코칭강사라는 단어가 떠나지 않았습니다.

그 다음 주 수업에 놀랄 일이 생겼습니다. 전 수업시간에 하나도 쓸 것이 없다고 한 분이 발표를 하겠다고 했습니다. 그 분은 정말 쓸 것이 없어서 원피스 갖기라고 썼답니다. 평소 다리가 두꺼워 원피스를 입는 게 엄두가 안 났지만 그래도 예쁜 원피스 하나 입었으면 좋겠다고 생각해서 달랑 그거 하나는 적었답니다. 그런데 그 이후로 원피스만 눈에 들어오더랍니다. 그리고 정말로 자신이 딱 원하는 디자인의 원피스를 만났고 그걸 구입했다고 했습니다. 쓰면서 의식이 집중되는 걸 알게 되었고 더 많은 것을 꿈목록에 써보겠다고 했습니다.

우리는 그 분의 발표를 통해 각자 자신들도 느낀 것을 이야기했습니다.

저 역시도 코칭강사라는 것에 더 관심을 갖게 되었습니다. 또한 매주 스스로 선택하는 과제에 책읽기를 넣으면서 삼국지 10권을 다 읽게 되었습니다. 종이에 쓴다는 게 이런 거구나 처음으로 실감했습니다. 늘 책에서 봤지만 적용해 본 적은 처음이었습니다.

저는 집에 돌아와 아이와 남편 엄마에게까지 원하는 것을 적으라고 했습니다. 아이가 만든 꿈목록은 어떤 보상을 줄때도 유용했습니다. 아이가 갖고 싶은 것을 써놨으니 그중에서 선택하게 하고 잘하는 일이 있을 때 보상으로 해주었더니 아이도 즐거워했습니다.

엄마는 원하는 코트를 갖고 싶다고 하셨는데 마침 1주일 후에 50% 할인을 하게 되어 제가 사드렸습니다. 우리 엄마는 의심이 많은 편이신데 그 코트를 갖게 된 이후로 원하는 것을 쓰거나 말해보는 습관이 생기셨습니다.

저는 당연히 코칭강사가 되었습니다. 그것도 제가 계획했던 시간보다 빨리 되었습니다. 이 모든 것의 출발은 원하는 것을 종이에 쓰기 시작하면서 시작되었습니다. 정말 쉽습니다.

지금도 저는 원하는 것이 생기면 꿈목록에 추가합니다.

지금 이 글을 쓰게 된 것도 꿈목록에 새로 올린 목표가 있기 때문입니다.

여러분도 지금 한 번 실제 해보십시오. 간단하게 쓰시면 됩니다.

바로 앞장에서 찾은 원하는 직업을 먼저 쓰십시오.

– 꿈목록 예시

날짜	원하는 것	기간	실제이룬 날짜

원하는 것을 실제 이룬 날짜를 쓰게 되면 성취감도 느낄 수 있습니다.

기간을 썼는데 그 때 안 되거나 못 가지면 어떻게 하냐고요? 그럼 기간을 뒤로 미루면 됩니다. 다시 쓰면 되죠.

꿈목록을 쓰다보면 신기한 것은 원하는 날짜보다 빨리 이뤄지는 경우가 더 많습니다.

두 번째, 꿈목록 중에서 가장 간절한 것을 3개를 선택하세요.

문구점에 가서 두꺼운 도화지를 사세요. 색깔별로 나와 있으니 마음에 드는 색을 고르세요. 맨 위에 제목을 '내 인생의 3대 비전' 이라고 쓰고 만든 날짜와 본인의 이름을 쓰세요. 꿈목록에서 가장 절실한 것 3개를 선택하세요.

반드시 앞에서 찾은 원하는 직업을 첫 번째로 선택하세요. 그 목표아래에 그림이나 사진을 찾아 붙여보세요. 목표에 맞는 이미지를 사용하세요. 매우 구체적인 이미지를 사용하세요.

저는 코칭강사를 선택한 후 가장 마음에 드는 강사의 강의하는 사진을 오려붙였습니다. 두 번 째는 낯선 도시에서 살아보기를 썼고 여행을 하는 사진과 운동화를 오려붙였습니다. 마지막으로 코칭카페운영 아래에는 성공을 도와주는 가게의 모습을 오려서 붙였습니다.

이렇게 시각화하는 것은 종이에 쓰는 것보다 뇌에 더 각인이 됩니다. 사진을 선택하고 붙이는 동안 되고 싶고 갖고 싶은 이미지가 뇌에 새겨집니다. 우리의 두뇌는 보고 듣고 만지면 더 기억을 잘합니다.

그림을 붙인 후 아래의 빈 공간에 그 목표를 이룰 구체적인 행동계획을 2~3개 써넣으세요. 가장 쉽다고 생각하는 것을 쓰면 됩니다. 예를 들면 저는 코칭강사가 되기 위해서 기회 있을 때마다 수업시간에 발표하기, 머릿속으로 상상해보기, 전문지식 찾아보기 이렇게 써놨습니다. 제일 쉬운 방법을 선택했습니다.

그러고 나니 수업시간에 발표를 안 하던 제가 발표를 시작했습니다. 항상 늦게 가던 강의 장엘 일찍 가게 되었습니다. 다른 강의를 가서도 마찬가지였습니다. 그리고 발표할 때면 나는 강사가 되기 위해 연습을 하고 있다고 생각했습니다. 그렇게 생각하니까 목소리에 힘이 생기고 할 말을 미리 정리해서 이야기하게 되었습니다. 어렵고 복잡한 방법 말고 가장 쉬운 방법을 써보세요.

세 번째, 가장 눈에 띄는 곳에 놓고 매일 3대 비전을 바라보세요.

그리고 그것을 이룬 모습을 상상하세요. 우리가 많은 사람들 앞에서 발표한다고 생각하는 것만으로도 가슴이 두근거리는 것을 느끼는 건 바로 뇌가 현실과 상상을 구분하지 못하기 때문에 일어나는 현상입니다. 그러니 매일 원하는 것을 보면서 상상해보세요.

비전이란 구체적인 목표입니다. 눈으로 볼 수 있어야 하고 들을 수 있어야 합니다. 상상하십시오. 자신이 원하는 직업 속에서 꿈 동사를 실현하는 모습을 상상하십시오. 원하는 것을 가졌을 때의 기쁨을 상상하십시오. 여러분이 상상하면 두뇌는 주인이 원하는 것을 이루기 위해 명령을 내립니다. 몸과 마음이 움직입니다. 가장 쉬운 방법은 원하는 것을 떠올려 상상하는 것입니다.

제 아이는 2011년 8월 13일 14살에 3대 비전을 선택했습니다.

꿈목록만 작성하다가 비전보드를 만들어보고 싶다고 했습니다.

인터넷쇼핑몰 CEO되기, DSLR카메라 갖기, 100억 모으기를 선택했습니다. 예쁜 그림을 찾아 열심히 붙였습니다. 아이는 3년 동안 용돈을 모아 원하는 카메라를 구입했고, 17살 가을에 사업자등록을 하고 인터넷쇼핑몰을 시작했습니다.

아이는 꿈을 종이에 적기 시작하면서 성취감을 느꼈고 적으면 이뤄진다는 것을 믿고 있었습니다.

지금도 뭔가 하고 싶은 것이 생각나면 목록에 올리고 그림을 오려붙입니다.

꿈을 이루는 가장 쉬운 방법

1. 간절히 원하는 것을 선택하십시오.
2. 비전보드를 만드십시오.
3. 매일 비전보드를 보며 상상하십시오.

나머지는 당신의 몸과 마음이 시키는 대로 하십시오.

몸이 주는 메시지에 귀를 기울이세요. 마음이 주는 메시지에 귀를 기울이세요. 그리고 그것을 믿고 그대로 실행하세요.

자신이 아는 가장 쉽고 재밌는 방법을 선택하세요.

Part4

•

현재

•

당신에게 최고의 친구는 바로 '당신' 입니다

삶의 의미에 도달하는 3가지 길

1. 일을 하거나 어떤 행위를 하는 것
2. 어떤 것을 경험하거나 어떤 사람을 만나는 것
3. 시련을 견디는 것

빅터 프랭클, 죽음의 수용소에서 중

당신에게 최고의
친구는 바로 '당신' 입니다

여러분은 저와 함께 과거와 미래 여행을 끝냈습니다.

지금 여러분은 어떤 기분이 드시나요?

원하는 것을 찾아서 기쁘신가요?

찾지 못해서 실망하셨나요?

찾으신 분께는 축하를 드립니다.

못 찾으신 분께는 위로를 드립니다. 그러나 계속 이 작업을 반복하다 보면 찾으실 수 있을 것입니다. 못 찾는 것이 아니라 조금 더 시간이 걸릴 뿐입니다.

'내가 이걸 어떻게 해?'

'나이가 좀 젊기만 했어도.'

'그래, 이걸 하고 싶었었지, 확인한 것만으로도 충분해.'

'굳이 힘들게 해야 하나?'

'학력이 안 돼, 스펙이 안 돼, 자격증이 없어'

사람들이 진짜 원하는 일을 찾았을 때 흔히 이런 반응을 보이며 미룹니다. 어찌 보면 당연합니다. 두렵기 때문입니다.

그러나 이 두려움은 실수하면 비난받을 것에 대한 걱정, 잘해내고 싶은 마음 때문에 드는 자연스러운 두려움입니다.

저 역시 그랬습니다. 하지만 우리가 두려워하는 이유는 그 일을 너무 잘해낼까 봐 오히려 더 두려워한다고 합니다.

'너무 잘해서 유능해지면 어떡하지? 그러면 내가 집안을, 아이들을, 남편을 제대로 돌보지 못할 거야. 그러면 그게 다 무슨 소용 있어.'

이렇게 말입니다. 두려움을 웃으며 바라볼 수 있는 이런 관점은 저를 편안하게 합니다. 우리는 못할까 봐 두려워하는 게 아닙니다.

내일 당장 내가 원하는 일이 일어나면 준비가 되지 않았는데 어떡하지? 아는 게 없는데 어떡하지? 사람들이 내 스펙을 보고 뭐라 하지 않을까? 걱정되시나요?

하지만 그럴 일은 없습니다. 여러분에게 그런 기회가 바로 오지 않을 것이기 때문입니다. 꿈은 여러분에게 그것이 진짜 꿈임을 증명하라고 요구할 것이기 때문입니다.

간절함을 증명할 수 없다면 그것은 진짜 꿈이 아닙니다. 진짜 원하는 일은 간절함을 증명해 보라고 요구합니다. 간절함의 장애물을 통과하지 못했다면 그것은 진짜가 아닙니다.

장애물은 여러분을 멈추기 위해 나타나는 것이 아니라 여러분의 간

162

절함을 확인해 주기 위해 나타난 것입니다. 간절한 사람은 장애물을 힘들게 넘지 않습니다. 장애물을 살피고 다른 방법을 연구해서 돌아갑니다. 우리는 단지 미래의 어느 날 그렇게 된 자신의 모습을 믿고 상상하며 간절함을 증명해 나가면 됩니다.

다음에 제가 알려드리는 방법을 실천한다면 분명 여러분이 원하는 것을 이룰 수 있을 것입니다. 게으르고 시간 개념 없고 인내와 노력이라고는 털끝만큼도 없었던 제가 지금은 자명종 없이 눈을 뜨고 아침 일찍 일어납니다. 하고 싶은 일을 하기 위해 해야 할 일을 단시간에 끝내며 시간을 경영하는 것을 넘어 즐기는 사람이 되었습니다.

여러분도 저처럼 할 수 있습니다.

제가 발견한 꿈을 경영하는 방법을 알려드리겠습니다. 이 방법을 통해 여러분도 자신의 꿈을 쉽고 재밌게 경영해 보세요. 그리고 자신만의 방법을 찾아 실행해 보세요. 그 전에 꼭 해야 할 것이 있습니다.

"매일 비전보드를 보며 상상하십시오."

이 과정을 하다가 중간에 그만두게 되도 좋습니다. 생각날 때 바로 다시 시작하면 됩니다. 원하는 때에 하세요. 억지로 하지 마시고 마음 내킬 때 하세요.

이 과정을 하다 보면 자신이 진짜 괜찮은 사람처럼 생각이 들고 더이상 무엇을 안 해도 되는 사람이 되고 이기적이 되어도 마음이 참 편안해집니다.

놀라운 것은 사람들과 관계가 더 편안해지고, 목표한 것을 실행하고 싶고, 해야만 하는 일들을 즐겁게 하게 됩니다.

그러다 보면 어느 새 자신이 참 괜찮은 사람인 것을 확인하게 됩니다. 원하던 그 일을 하고 싶다는 마음이 들게 됩니다.

그러면 그 때 "까짓것 해보지, 저 사람도 했다는데." 하고 용기가 생길 것입니다.

그냥 편안하게 시도해 보세요.

그냥 자신만의 속도로 목표를 향해 가시길 바랍니다.

자신의 탁월함을 선언하라

아래에 예시된 단어를 쭉 보면서 가장 마음에 드는 단어 3개를 찾으세요. 오래 생각하지 말고 그냥 마음이 딱 가는 그 단어를 찾아 동그라미 하세요.

가족적, 가능성, 감사, 강인함, 개방적인, 객관적, 검소함, 건강함, 격려, 결정력, 결단력, 겸손함, 경쟁력, 고상함, 공정성, 관용, 근면, 긍정적, 권위, 균형, 기쁨, 기여, 기지가 넘침, 깨달음, 끈기, 꼼꼼함, 낙천적, 낭만적, 너그러움, 내적조화, 능률, 노력, 논리적, 다정함, 도움, 도전적, 독립성, 독창적, 다른 사람을 돕는, 도덕적 실천, 동정심, 대처능력, 따뜻함, 로맨스, 리더십, 분석적, 매력, 마음씨 좋음, 명랑함, 명성, 명석함, 명예, 명확함,

모범적, 모험, 목적의식, 목표 지향적, 미덕, 민첩함, 믿음직한, 배려, 변화, 봉사, 부드러움, 부지런함, 분별력, 사교적, 사랑, 사려 깊음, 상냥함, 상상력, 생명력, 설득력, 섬세함, 성장, 성실, 성취, 세련됨, 소박함, 소신 있음, 솔직함, 수용, 순수, 순발력, 신뢰, 신의 뜻에 순종, 신체적 능력, 신용, 신중함, 승부욕, 아름다움, 안전, 안정성, 에너지가 넘침, 여유로움, 역량, 열려 있음, 완벽함, 의리, 의미 있는 일, 이상 품기, 이해력, 인내, 인기와 평판, 인정 많음, 우아함, 우호적, 유연성, 유익함, 유쾌함, 윤리적, 융통성, 열린 사고, 열정, 영리함, 영성(초월), 예술, 예의 바름, 온순함, 용기, 용서, 우정, 위안, 유머, 의지력, 자기인식, 자기수용, 자신감, 자발적, 자비로움, 자주적, 자립, 자연, 자유, 자율, 재미, 재치, 적극적, 적응력, 전문성, 전통적, 정직, 절도, 정돈, 정의감, 정확함, 조화로움, 존중, 존경, 주도적, 즐거움, 중용과 절제, 지식, 지혜, 직관적, 진보적, 진솔, 진실, 질서, 집념, 집중력, 창의성, 책임감, 청결, 초연, 주도적, 추진력, 충성심, 충실함, 충직, 친절, 측은히 여기는 마음, 카리스마, 쾌활함, 탐구심, 포용력, 평온함, 평등함, 평화, 한결같음, 합리성, 현명함, 활기찬, 활동적, 행복, 혁신적, 현실적, 호기심, 협력, 협상능력, 효율적, 헌신적, 협동, 화합, 확신, 희망, 힘

3개의 단어를 선택하셨나요?

3개의 단어를 노트에 옮겨 적으세요.

3개의 단어 중에서 가장 마음에 드는 단어에 별표를 다섯 개 치세요.

그리고 가만히 그 단어를 바라보세요.

어떤 생각과 감정이 드나요?

여러분의 이해를 돕기 위해 저의 경험을 공유합니다.

2009년 9월 13일 저는 '리더십, 열정, 배려'를 찾았습니다. 그 중에서 배려라는 단어가 가장 마음에 들어왔습니다. 저는 배려 없는 인간이 제일 싫었습니다.

저는 과제에 따라 이 세 단어를 연결한 존재가치선언문을 하루에 3번 이상 선언했습니다. 원래의 저는 그렇지 않은데 점점 그런 사람이 되는 것 같았습니다.

그러던 어느 날 제가 다른 사람을 배려한다고 생각하지만 실제로는 다른 사람을 배려하지 않는 사람이란 생각이 들었습니다. 어차피 그럴 거면 다른 사람을 배려하지 말고 나 자신이라도 배려하자는 생각이 들었습니다. 그러자 기분이 좋아졌습니다. 생각해 보니 그동안 한 번도 나 자신을 제대로 배려해 본 적이 없었습니다.

저는 더 이상 다른 사람을 배려하지 않겠다고 선언했습니다. 그 경험을 동아리 회원들과 나눴습니다. 그 때 함께 한 동료가 자신은 천사의 배려인데 자신도 더 이상 천사가 되고 싶지 않다고 했습니다. 너무 부담된다고 했습니다. 우린 그렇게 다른 사람을 배려하는 것보다 자신을 배려하기로 선택했습니다. 정말 홀가분했습니다.

저 자신을 배려하기 시작하니 놀라운 일이 벌어졌습니다. 제가 다른 사람을 배려하기 시작했습니다. 그러던 어느 날 배려라는 단어가 더 이상 필요 없어졌습니다.

한참의 시간이 흐른 후 다른 코치님께 강의를 듣다가 궁금해서 여쭤 봤습니다.

"당신 안에 배려가 가득해졌기 때문입니다."

'아, 내 안에 가득 찼구나!'

리더십, 열정, 배려는 제가 가장 부족하다고 생각했던 것임을 알았습니다.

그렇습니다. 여러분이 선택한 그 단어는 여러분에게 없다고 생각한 것, 더 채우고 싶은 것입니다.

사람은 부족하고 결핍된 것을 채우고 싶어 하는 존재입니다. 그런데 자신이 부족한 것이라는 생각을 못합니다. 그래서 다른 사람에게서 찾습니다. 덮어씌웁니다.

'배려 없는 인간 같으니라고….'

하지만 정작 배려가 없는 건 저였습니다. 그동안 그것을 남편에게 엄마에게 덮어씌웠습니다.

그렇다면 저는 진짜 배려가 없는 인간일까요? 아닙니다. 다른 사람보다 더 큰 배려의 통을 가졌기 때문입니다. 배려의 통이 다른 사람보다 크기 때문에 채워도 채워도 부족하다고 느낀 것입니다. 그 큰 통을 채우려 노력하느라 열심히 다른 사람을 배려하는데 상대방이 조그마한

배려를 하나 달랑하더니 이만하면 되지 않느냐고 큰소리치는 것을 보니 기가 찰 노릇입니다. 당연히 그보다 몇 배의 큰 통을 가진 제가 상대방의 행동이 마음에 찰 리가 없습니다.

그런 제가 상대방에게 덮어씌웠습니다.

"배려라고는 눈곱만큼도 없는 인간 같으니라고!"

그가 단지 나보다 조금 작은 배려의 통을 갖고 있었던 것뿐임을 몰랐습니다.

그도 마찬가지입니다. 나와 다른 큰 통을 갖고 있기에 그도 그 통을 채우기 위해 노력합니다. 그러다가 자신에게 부족한 것을 보지 못하고 상대인 나에게 덮어씌우는 것입니다.

우리 모두는 이렇게 서로 다른 큰 통을 갖고 있습니다.

우리가 아이에게 공부하라고 하는 것도 실상은 내가 공부를 하고 싶은데 어렵고 힘드니까 나는 안하고 애한테 덮어씌우는 것일 수 있습니다. 나에게 부족하고 결핍된 것을 채우려고 하는 욕구를 아이에게 푸는 것입니다.

그러나 부족한 것은 더 이상 문제가 아닙니다. 우리는 서로 다른 큰 통을 갖고 있는 것입니다. 그것을 꽉꽉 채우고 싶어 하는 우리가 있을 뿐입니다.

저는 코칭수업을 통해 부족함과 결핍은 문제가 아니라 탁월함이라는 것을 알았습니다. 그것을 채우고 싶어 하는 우리의 가능성, 잠재력이라고 배웠습니다. 창피할 일이 아닙니다. 그 후 많은 단어들이 제 안에 들어왔다 채워지면 사라졌습니다.

지금 제가 가장 마음에 드는 단어는 도전, 추진력, 조화로움입니다. 도전하지 않는 사람을 보면 화가 납니다. 제가 갖고 있는 이런 큰 통을 몰랐다면 저는 계속 그런 사람들을 보며 불평하고 화를 냈을 것입니다. 그러나 저는 이것이 저만의 탁월함이라는 것을 알고 있습니다.

저 조서연은 도전, 추진력, 조화로움이 탁월한 사람입니다. 제가 채우고 싶어 하는 것들입니다.

여러분도 이제 여러분의 문장을 외쳐보세요.

자신의 이름을 넣고 선택한 3단어를 넣어 문장을 완성하면 됩니다.

'나 000은(는) 000, 000, 000이(가) 탁월한 사람입니다.
나의 탁월함이 세상에 좋은 영향을 미칠 것입니다.'

제가 탁월한 존재임을 스스로에게 선언하면서 놀라운 변화가 시작되었습니다. 어디를 가든 자신을 소개하는 시간에 딱 이 문장만을 이야기했습니다. 자신감이 생겼습니다.

"도전, 추진력, 조화로움이 탁월한 코치 조서연입니다."

그러자 오히려 사람들이 절 기억해줬습니다. 뭐하나 잘난 게 없어 답답하고 우울한 기분이 드는 날, 진짜 내가 원하는 일을 할 수 있을까 불안하고 두려운 기분이 드는 날엔 하루에 100번 이상 선언한 날도 있습니다. 외치면 힘이 났습니다. 이 선언은 제가 꽤 괜찮은 사람이 될 것 같은 희망을 줬습니다.

우리는 각각의 탁월함을 가진 존재입니다. 아무도 우리에게 이런 말을 해주지 않았습니다. 자신조차도.

하루에 세 번 이상 선언하세요. 그러면 여러분은 그런 사람이 되어있을 것입니다.

외치세요.

바로 지금!

"나 000은(는) 000, 000, 000이(가) 탁월한 사람이다!"

자신을 칭찬하고 인정하라

코칭교육을 받으면서 가장 힘들고 불편했던 수업은 다른 사람을 칭찬하는 수업이었습니다. 신중형의 특징 중 하나가 다른 사람을 칭찬하는 것을 가장 어려워합니다. 자신과 타인에 대한 기대가 크기 때문입니다.

'그게 뭐 칭찬할 일이냐? 당연한 일이지.'

'처음 본 사람을 어떻게 안다고 칭찬하는가?'

진정성이 없는 것은 하지 않겠다는 신념. 결국 이런 기질적인 신념은 다른 사람을 비판하는데 익숙해 있었습니다. 또한 내향성을 갖고 있는 저는 낯선 사람을 만나는 걸 어려워했습니다.

그런데 코칭 수업 첫 시간은 늘 '칭찬하기', '탁월함 인터뷰'였습니다. 정말 고역이었습니다.

두어 번 참여하니 꾀가 나서 낯선 수업에 가면 거기오신 분들을 관찰하고 그분에게 맞는 단어를 생각해 놓았습니다. 그러니 훨씬 수월해졌습니다. 낯선 곳에 가서 사람을 보면 3가지의 칭찬 인터뷰를 미리 준비하는 버릇은 어느 새 습관이 되었습니다. 늘 사람을 경계하던 태도에서 그 사람을 관찰하는 태도로 변했습니다. 부정적인 느낌이 먼저 떠오르면 바로 그 반대의 긍정적인 표현으로 바꿨습니다.

놀라운 일이 일어났습니다. 99가지 결점을 찾으라면 최고로 빨리 찾아내 수 있는 신중형인 제가 99가지의 긍정적인 느낌으로 바꿀 수 있는 사람이라는 자신감이 생겼습니다.

어느 새 저는 낯선 사람을 만나 칭찬하는 수업이 익숙해졌습니다. 버스를 타거나 전철을 타면 먼저 그 사람을 스치며 드는 긍정적인 느낌을 속으로 말합니다.

"뭐 화난 거 있어?"

30대에 말을 안 하고 입을 꾹 다물고 있는 저를 보고 주변 사람들이 했던 말입니다. 그런데 이런 습관이 들면서 저를 알던 사람들은 제가 변했다고 했습니다. 표정이 달라졌다고 했습니다.

탁월함 인터뷰하기를 통해 변화된 저는 학부모수업 첫 시간을 무조건 이 수업으로 시작합니다. 처음엔 당황하던 분들이 20분 후면 웃음꽃이 핍니다. 학생들을 위해서는 학교폭력예방교육을 칭찬인터뷰로 진행합니다. 가장 즐겁고 재밌는 수업은 초등학교 저학년입니다. 칭찬이 싫다고 서로 칭찬할게 없다던 녀석들이 코치들이 해주는 칭찬을 먼저 받고 나면 금세 바뀝니다. 처음 만난 선생님들이 자신의 장점을 어떻게 찾아내는지 신기해합니다.

특히 저학년은 구호 만들기 대회를 하는데 자기 모둠원끼리 상의하고 결정하는 걸 지켜보는 건 정말 뿌듯합니다. 학교선생님들은 아이들이 해낼까 걱정하시지만 서로서로 의견을 주고받고 시간 안에 만들어냅니다. 서로 칭찬을 주고 받았기 때문에 자기 의견이 수용되지 않아도 너그럽게 넘어가고 양보합니다. 협동을 합니다.

학년이 올라갈수록 아이들이 조금씩 달라집니다. 칭찬하는 것을 불편해합니다. 그 예민한 변화를 함께 참여하는 코치님들도 알아챕니다.

칭찬인터뷰를 하기 가장 어려운 그룹은 어른들입니다. 그 중에서도 선생님들입니다. 왜냐하면 학교에는 신중형의 기질을 갖고 있는 분들이 많습니다. 제가 처음에 칭찬하기를 어려워했듯이 선생님들도 같은 반응을 보이십니다.

학교 선생님들은 어렸을 때부터 공부를 잘했고 모범적이었던 분들입니다. 이런 모습이 어느새 당연한 것이 되어서 칭찬받을 기회가 없었을 거라고 생각됩니다. 오히려 더 잘하라는 기대를 받았을 수 있습니다.

어른인 우리도 마찬가지입니다. '잘했다', '멋진데', '똑똑하다', '잘생겼다', '예쁘다' 이외엔 특별히 생각나는 단어가 없습니다. 이런 말들은 칭찬이 아니라 판단하는 언어입니다. 아이들을 칭찬한 것이 아니라 평가한 것입니다.

우리는 칭찬하는 걸 어려워하는 문화 속에서 성장했습니다. 학부모

강의 중에도 서로가 칭찬하기를 할 때 아니라고 나는 그렇지 않다고 거부하시는 분들도 있고 심지어 화를 내는 분도 봤습니다. 그만큼 칭찬을 하는 것이 어렵고 받는 건 더더욱 쑥스럽습니다.

우리는 평가하고 판단하는 게 훨씬 익숙합니다. 바로 이런 평가와 판단은 우리가 무엇엔가 도전하고 싶을 때 장애가 됩니다. 해봐야 좋은 소리 못 들을 거 같으니 시도하지 않습니다. 안 하면 본전이고 성공하지 못하면 손해가 됩니다.

또한 어렸을 때부터 부모님이나 선생님의 기대를 많이 받은 사람은 새로운 것을 시도하는데 더더욱 어려움이 있습니다. 우리가 원하는 일을 찾았음에도 불구하고 미루거나 포기하는 이유가 바로 주위의 과도한 기대입니다.

가까운 사람에겐 더더욱 판단의 잣대를 들이댑니다. 실수나 실패하면 "쓸데없는 짓 했다", "봐라, 내가 뭐라 했느냐?", 혹은 "그게 됐으면 세상사람 다 했겠다", "내가 너 생각해서 하는 말이니 그만둬라"고 합니다.

제가 직장을 많이 옮겼을 때 어떻게 그것이 가능했을까 생각해보니 부모님 덕분이었습니다. 부모님이 큰 기대를 하지 않으니 제가 좀 더 자유로웠던 거 같습니다.

그럼 어떻게 칭찬을 쉽게 할 수 있을까요?

먼저 자기 자신을 칭찬할 줄 알아야 합니다. 자신을 칭찬해 보지 않은 사람은 다른 사람을 절대 칭찬할 수 없습니다. 그래서 빈말하기 싫다는 핑계를 댑니다. 이젠 빈말이 필요합니다. 사람은 들은 대로 됩니다.

그러면 자신을 어떻게 칭찬할 수 있을까요?

구체적인 사실을 말합니다. 그리고 그 행동에 대한 탁월함을 말해줍니다. 예를 들어 자신이 밀렸던 설거지를 했다고 생각해 보죠. 구체적인 사실은 '설거지를 했다' 입니다. 발휘된 탁월함은 더 이상 미루지 않고 '행동' 한 것입니다.

"설거지를 끝냈네. 나는 역시 마음 먹으면 바로 행동하는 사람이야!"

이렇게 말해주면 됩니다.

탁월함을 표현하는 단어는 앞 장에 마음에 드는 단어 찾기 할 때의 예시단어를 활용하면 됩니다. 앞 장의 단어들은 어떤 평가도 들어가 있지 않은 순수한 단어들입니다. 코칭에서는 존재가치언어라고 표현합니다. 여기엔 '잘했다', '못했다' 의 판단이 없습니다. 자녀에게도 마찬가지입니다.

책상을 정리 정돈한 아이에게 "네가 정리정돈을 했구나." 이렇게 짧게 표현해주면 됩니다.

어른들은 칭찬을 한다고 길게 하는데 그러면 잔소리가 됩니다. 뇌에서 받아들이지 못합니다. 될 수 있으면 짧게 해주는 게 핵심입니다.

우린 다른 사람에게 인정받고 싶어 하고 칭찬받고 싶어 합니다. 당연합니다. 그리고 상대방이 몰라주면 은근히 화가 납니다. 이럴 땐 그냥 자신이 말해주세요.

"잘했어, OO아!"

"역시 멋진 나야!"

자기가 듣기 원하는 그 말을 자신에게 해주세요.

이 때 자신의 오른 손으로 왼쪽 심장을 톡톡 두드리며 말해주면 위로도 됩니다. 참 쉽습니다.

한 번 연습해 보겠습니다.

친구들 모임에 일찍 도착한 자신에게 말해봅니다.

"역시, 난 약속을 잘 지켜!"

설거지를 미루다 끝낸 자신에게 말해봅니다.

"음, 설거지를 끝냈네. 잘했어."

남편에게 화를 내지 않고 참는 자신에게 말해봅니다.

"음, 인내의 달인이야!"

이렇게 응용하면서 자신을 자꾸 복 돋아 주세요. 어느 누구도 우리에게 이런 칭찬을 해주지 않습니다. 오직 나만이 그 일을 해내느라 애쓴 마음을 압니다. 나 자신도 몰라주는데 세상에 누가 나를 알아주겠습니까.

우리는 자신을 칭찬하고 인정해 주어야합니다. 그래야 다른 사람에게도 그것을 할 수 있습니다. 상대방은 절대 못해줍니다. 받아본 적이 없는 사람이 어떻게 해줍니까.

컵에 사랑이라는 물을 붓습니다. 넘치면 사랑을 나눠주는 사람이 됩니다. 컵에 사랑이라는 물이 아주 적게 있으면 다른 사람에게 나눠 줄 수가 없습니다. 먼저 자신의 컵에 사랑을 채우세요.

이 때 내 컵에 사랑의 물을 계속 채울 수 있는 방법은 아주 쉽습니다. 내가 나에게 말해주는 것입니다.

용기가 필요한가요?

"난 용기 있는 사람이야. 난 날 믿어!"

자신이 필요한 그것을 자신에게 말해주세요.

바로 지금!

하루에 3번 이상 감사함을 말하라

코칭수업 때 하루에 감사하기를 3번 말하기가 있었습니다. 1주일 동안 실천하는 것인데 매일 속으로 말하다가 하루는 용기를 냈습니다. 고속도로 요금소에서 요금을 낼 때 '감사합니다.' 라고 말하니 근무하시는 분도 인사를 해주셨습니다. 재미를 붙인 저는 그 후로 계속 했습니다. 인사를 받으면 상대방 표정이 밝아지는 것을 봤습니다. 그 모습을 보니 용기를 내고 있는 내가 대견스러워 계속 했습니다. 물건을 사러 가도, 제가 감사한 인사를 받아야 할 때도 제가 먼저 했습니다. 기분이 좋아지고 뭔가 새로움이 느껴졌습니다.

그 후 수업이 끝나고 난 후에도 감사하기를 계속 했습니다.

그러던 어느 날 포스코 직원들이 100가지 감사하기를 시작하면서 기업문화가 달라졌다는 내용이 담긴 책을 읽었습니다.

그 책에는 다른 사례도 많았는데 저는 호기심이 생겼습니다. 하루에

100가지 감사를 써보기에 도전했습니다.

첫 날은 50가지 정도를 썼고 나머지 50가지는 '오늘 하루 살아있음에 감사합니다' 로 50번을 채웠습니다. 다음날은 좀 줄었습니다. 나머지를 그냥 감사 합니다 로 100가지를 채웠습니다.

어떤 날은 잊고 자다가 밤에 일어나서 쓰기도 했습니다. 모든 것이 새롭게 보였습니다. 책상, TV, 리모컨에까지 감사하다고 썼습니다.

47일쯤 되었을 때 내 안에서 뭔가 다른 에너지가 솟아남을 느꼈습니다. 쓰는 것은 그만 해도 되겠다 싶었습니다. 몸의 기운이 달라져 있었습니다. 매일 감사한 일들이 생겼습니다. 좋은 일들이 생기니 기분이 더 좋아졌습니다.

108배를 할 때 개수를 세다 보면 헷갈려서 잊어버리게 됩니다. 또 꾀를 냈습니다. '사랑합니다, 고맙습니다, 나를 용서해주세요, 미안합니다, 축복합니다.' 5개의 문장을 한 세트로 개수 대신 말했습니다.

오전에 108배를 하면서 108번 좋은 말로 하루를 시작했습니다. 늘 몸이 안 좋았던 제 몸에 새로운 기운이 도는 것을 느꼈습니다.

코칭을 공부하다 보면 NLP이론이 많이 접목되어 있는 것을 알 수 있는데 이 NLP의 개념이 말과 두뇌는 연결되어 있다는 뜻입니다. 그래서 말하는 대로 이루어진다는 거죠. 좋은 말을 하니 몸이 그걸 느끼고 제 주변에 좋은 사람들을 만나게 되었습니다.

그즈음 불평 없이 살아보기를 실천하기 시작했습니다. 보라색으로 되어 있는 그 밴드는 제 언어습관을 인식하도록 도와줬습니다.

불평 없이 살아보기는 보라색 밴드를 한 쪽 손목에 차고 있다가 자신이 불평을 하는 것을 알아채면 다른 쪽 손목으로 옮기는 것입니다. 자신이 알아챌 때마다 밴드를 옮깁니다. 한 쪽 손목에서 21일 동안 그대로 있으면 성공하는 것이었습니다.

하루에도 몇 번씩 옮기는 저를 보며 불평을 달고 사는 걸 알게 되었습니다. 보라색 밴드가 익숙해질 무렵 이젠 제가 불평이 없어진 줄 알았습니다. 보라색 밴드가 익숙해져서 있는지 없는지조차 모르게 된 것입니다.

그래서 어떻게 할까 뺄까말까 고민하던 쯤, 아침에 운전을 하고 나가려는데 경비실 입구에 경찰 두 분이 담배를 피우며 경비실 아저씨들과 대화를 하고 있는 것을 봤습니다. 그 모습을 본 순간 '왜 남의 아파트에 와서 담배를 피우는 거야'라는 생각이 들었는데 그 순간 보라색 밴드가 눈에 들어왔습니다. '아, 불평을 안 하고 있었지만 속으로는 불만을 갖고 있었구나!'를 알아챘습니다.

그 후 매일 알아차리지 못하더라도 가끔씩 눈에 띌 때만이라도 인식하고 지내자 싶어 밴드를 계속 하고 다닙니다. 보통 제 수업을 들은 수강생들과 학생들은 이 밴드를 하게 되는데 가끔씩 몇 년 전에 만났던 아이들이 제 밴드를 보고는 아직도 갖고 있다고 다시 해야겠다고 말할 때면 흐뭇합니다.

말이든 도구이든 사용하기 나름이라는 생각이 듭니다. 저는 뭔가 어렵고 규칙이 생기는 것들은 피하는 편인데 이렇게 자유롭게 생활 속에서 쉽게 실천할 수 있는 것들로 인해 제 삶이 바뀌면서 세상엔 쉬운 방법이 참 많다는 걸 알게 되었습니다.

　여러분도 제가 알려드리는 방법 말고도 더 쉽게 자신의 습관이나 행동을 바꿀 수 있는 방법이 있다면 그걸 적용해보세요. 전 다른 사람이 말하는 것을 듣고 제가 적용해 보고 쉬우면 계속 합니다. 제가 되면 다른 사람도 된다고 생각합니다. 왜냐하면 전 노력하는 것을 싫어하고 인내하는 걸 제일 못하는 사람이기 때문입니다.

　입으로 말하는 감사는 빈말일지라도 말은 그것을 채우려는 속성이 있습니다. 그러니 감사함을 말해보세요. 그리고 하루에 100가지 감사하기 쓰기에 도전해 보세요. 쓰다가 말면 또 어떻습니까? 다시 생각나면 그 때 다시 쓰면 됩니다. 해야만 한다가 아니라 쉬운데 한 번 해볼까 하고 시도해 보세요. 여러분 삶에 감사한 일들이 찾아 올 것입니다.

　자신 또는 타인에게 감사함을 말해 보세요.

　바로 지금!

가장 쉽고 재미있는
작은 목표를 세워라

코칭을 만나기 전 저의 하루는 그야말로 게으름 그 자체였습니다. 아이를 겨우 학교에 데려다주고 다시 들어와 잤습니다. 11시가 다 되어서야 일어나 아점을 먹고 운동하러 가서 몇 시간씩 어영부영 보내고 왔습니다.

공부를 시작하게 된 것이 아이를 잘 가르치려는 목적밖에 없었기 때문에 코치님께서 내주시는 과제 외엔 딱히 뭔가 해보고 싶진 않았습니다. 그러던 어느 날 자유과제로 책이나 읽어볼까 싶었습니다.

어릴 적엔 책도 많이 읽고 작가가 되겠다는 생각도 잠깐 했었는데 20대에서 40살까지 책이라곤 자기계발서 몇 권 읽은 게 다였습니다. 학창시절 죽음에 대한 생각들을 많이 했었는데 제 생각엔 이게 어릴 때 책을 너무 본 탓이라 여겨 책을 읽는 것을 중단했고 아이도 책을 못 읽게 했습니다. 저처럼 어린 나이에 죽음에 대해 깊이 생각할까 봐 불안했습니다. 20여 년간 책을 멀리 했습니다.

어느 날 서점에 들렀다가 오랜 전 베스트셀러였던 책 한 권이 눈에 들어왔습니다. 책을 집어 들고 읽어보자 싶어 바닥에 앉았습니다. 왜 베스트셀러가 되었을까? 궁금하기도 했습니다.

'누가 내 치즈를 옮겼을까?'

그 때 어떤 생각이 들었는지 기억이 나진 않지만 책을 다시 읽어야겠다고 생각했던 기억이 떠올랐습니다.

스스로 선택하는 과제에 1주일 동안 책 한권 읽기를 썼습니다. 그런데 어떤 책을 읽어야할지 몰라 망설였습니다. 그 때 삼국지를 한번 끝까지 읽어봐야겠다 싶었습니다.

마침 중학교 도서관에서 받는 수업이 있어서 잠시 서가를 둘러봤더니 삼국지 종류가 엄청 많았습니다. 만화부터 시작해서 열 몇 권짜리까지…. 어떤 걸 볼까? 책을 펴본 후 가장 손에 감촉이 좋은 책으로 골랐습니다. 그런데 이게 쉽게 읽히지가 않았습니다. 그래서 빌려다 놓고 읽지 않았습니다.

매 수업 전에 지난 과제를 점검하는 시간이 있는데 코치님이 과제를 점검하시는 게 아니라 스스로 점검하고 자신이 점수를 주는 방식이었습니다. 늘 다른 사람이 평가하는 방식에 익숙해져 있다 스스로 점검하는 게 오히려 어려웠습니다. 책을 읽지 않았으니 빵점이라고 적었더니 실천하지 않은 건 아예 점수를 주지 말라고 하셨습니다. 통상적으론 하지 않았으니 빵점을 줘야 하는데 그렇지 않은 겁니다. 처음엔 이 방식이 낯설었습니다.

그런데 점수를 주지 않으니 오히려 도전해보고 싶었습니다. 한 권을 읽고 그 다음은 순조로왔습니다. 1주일 과제를 다 읽었지만 10점 만점에 10점을 주지 않았습니다. 스스로 매기는 점수니 더 겸손해야 한다고 생각했습니다. 그런데 함께 공부한 선생님이 자신의 점수를 흔쾌히 10점을 주는 것을 보니 괜히 손해 보는 느낌이 들었습니다.

그 때 코치님께서 신중형은 자신에게 점수를 짜게 주는 형이라고 말씀해 주셨습니다. 한 주 한 주가 흐르면서 책을 많이 읽지도 않았는데 저의 점수가 자꾸 올라갔습니다.

그런데 놀라운 일은 제 점수를 높게 주고 나니 기분이 좋아졌습니다. 그 일을 통해 알게 된 것은 자신에게 점수가 짠 사람은 다른 사람에게도 점수가 짜다는 걸 알았습니다. 제가 왜 그렇게 사람들에게 관대하지 못 한지를 깨닫게 된 계기입니다.

그렇게 편하게 읽고 싶을 때 읽고 점수를 주고 싶은 만큼 주게 되니 신기하게 책 읽는 것에 도전하게 되었고, 삼국지 10권을 다 읽게 되었습니다.

그 때의 성취감이란 아주 오랜만에 느껴본 것이었습니다. 그 힘든 10권을 읽으니 새롭게 도전하고 싶어졌습니다.

코치님께서 추천해주신 책을 읽기 시작했습니다. 도서관에 가서 찾아보니 다 있었습니다. 사람들은 언제 그런 책을 주문해서 읽고 있었는지 신기했습니다. 이제 운동은 거의 전폐하고 책을 읽는데 매달렸습니다.

어느 날 옆구리에서 살이 찌는 느낌이 들었습니다. 흰머리가 숭숭 나오는 느낌이 들어 거울을 보니 앞머리에 머리띠처럼 흰머리가 생겼습니다. 흰머리가 생긴 것에 대한 걱정보다도 내가 무언가에 열중하고 있는 그때의 기쁨이란 말로 표현하기 어려웠습니다.

어느 날은 책을 읽다가 눈을 돌려 창밖을 봤는데 동이 트고 있었습니다. 학창시절에도 안 해본 밤을 샌 것입니다. 그 또한 제 기억에 벅찬 감동으로 기억하는 장면입니다.

저는 책을 읽을 때 속으로 읽는 편이라 느립니다. 어렸을 땐 속독을 했는데 그게 되지 않았습니다. 다른 사람보다 늦게 읽는 편입니다. 그러나 비교하지 않기로 했습니다. 나 자신의 점수를 주기 시작하면서 다른 사람과 비교 하는 게 줄었습니다.

코칭강사가 되고 싶다는 건 머릿속에 있었지만 특별히 어떻게 준비해야겠다는 건 없었는데 무의식적으로 책을 읽으면서 제가 그것을 준비하고 있는 것을 알았습니다. 구체적인 실행계획을 짜고 체크하는 걸 어려워하는 기질이다 보니 큰 덩어리만 정해지면 나머지는 마음에 맡기는 편입니다. 아마도 그래서 제가 자기 계발서를 읽고도 실천이 되지 않았던 거 같습니다. 구체적인 계획, 실행, 측정하기를 반복하면서 체크 하는 게 제 기질엔 맞지 않습니다. 제게 맞는 방법을 적용하면서 작은 성공과 실패의 경험이 쌓였습니다. 그 경험의 교훈을 통해 새로운 것을 구상하고 실천하게 되었습니다.

어느 날 학생들 시간관리 수업을 위해 동영상을 하나 받았는데 5분이라는 시간이 얼마나 소중한지를 알려주기 위한 영상이었습니다. 시간은 소중하니 자투리 시간을 아껴 사용하라는 메시지였습니다.

저는 그 반대로 해보기로 했습니다. 가장 싫어하는 일에 5분을 투자해보자고.

그 첫 번째가 책을 읽느라고 정신이 팔려 밀려있는 청소와 설거지에 응용해보기로 했습니다. 먼저 책을 읽다가 지루해지면 딱 5분만 설거지를 하겠다고 생각했습니다. 신기하게 설거지가 빨리 끝났습니다. 그러면 다시 책을 보거나 음악을 듣거나 차를 마십니다. 그러다 지루해지면 청소기를 돌립니다. 목표 시간은 5분입니다.

다른 집안일도 그렇게 했습니다. 5분 쯤 지났다 싶으면 딱 멈춥니다. 그리고 놔뒀다가 또 그 일을 합니다. 이렇게 며칠을 하니 제 머릿속에는 집안일은 5분만 한다는 개념이 잡혔습니다. 실제 시간을 재어보니 20~30분 걸리는데 머릿속에 5분만 한다는 생각이 드니 쉽게 하게 되었습니다. 물론 5분조차도 하기 싫을 땐 미룹니다.

즐거운 일이 뭘까? 그걸 먼저 한 후 하기 싫은 일을 하는 유형입니다. 사람마다 차이가 다를 수 있습니다. 여러 개의 사과 중 제일 큰 것을 먼저 먹는 사람이 있는 반면에 제일 작은 것을 먼저 먹는 사람이 있듯이 이건 순전히 개인적인 취향입니다.

우리는 성공하기 위해 규칙적으로 정해놓고 몇 시부터 몇 시까지 무엇을 하고 그 다음엔 무엇을 하고 이렇게 하는데 익숙해져 있습니다. 저는 저만의 방식으로 미래를 위한 일에 먼저 시간을 배분하고 그 목표를 얼마나 했는지 점검합니다. 당장 해야 할 일들은 굳이 시간을 정하지 않아도 해야 될 일이기 때문입니다. 그리고 목표를 점검할 때엔 스스로 얼마나 만족하는지만 체크합니다. 만족도가 떨어지면 만족도를 올릴 수 있는 방법을 생각합니다. 또한 계획한 일을 점검할 때 아예 시작도 안한 것은 평가를 하지 않습니다. 미뤘다는 것은 하기 싫다는 것입니다. 그러면 계속 그 목표를 끌어안고 있는 것보다 목표를 수정하는 게 더 낫습니다. 왜냐하면 목표의 주인공은 나이고, 시간의 주인공도 나입니다.

목표와 시간에게 주인공을 뺏기지 마세요. 가장 작은 목표를 설정하세요.

물론 이건 저에게만 맞는 방법일 수 있습니다. 다만 어떤 것을 선택하든 그것이 자신에게 가장 쉽고 재미있게 느껴지길 바랍니다.

더 쉽고 재미있는 여러분만의 방법을 적용하고 성공하셨다면 제게도 꼭 알려주세요.

가장 만만하게 할 수 있는 작은 목표를 세워보세요.

바로 지금!

자신의 진짜 친구를 만나라

여러분은 가장 힘들고 어려울 때 누구와 이야기를 나누시나요?

지금 여러분 머릿속에 떠오른 사람과 이야기를 나누면 그 힘들고 어려운 일을 해결할 수 있나요?

저는 코칭을 배운 이후로 친구와 대화하는 방법을 알게 되었습니다.

저는 이 친구를 만난 게 제 삶의 가장 큰 축복이라고 생각합니다. 한동안 이 친구를 진심으로 만나지 못했습니다. 다른 사람의 인정하는 말과 칭찬에만 귀 기울였습니다. 사람들에게 관심을 받고 싶어 그들이 진짜 원하는 게 무엇일까 그것만 고민하고 그걸 알아내려고 했습니다. 때때로 말을 걸어올 때마다 저는 그 친구의 말을 무시했습니다. 그 친구의 감정을 묵살했습니다.

결국 그 친구와 저는 한동안 서로에게 마음을 닫은 채로 지냈습니다. 그렇게 지내는 동안 머리는 편두통에 시달렸고, 몸이 아파 병원을 들락거렸지만 나아지지 않았습니다. 상처받은 마음을 지키느라 사람들로부터 스스로 고립을 선택했습니다.

친구는 더 이상 내게 요구하지 않았고 침묵을 지켰습니다. 그렇게 오랜 시간이 흘렀습니다.

그러다 아이를 가르치려고 코칭을 배우면서 대화하는 방법을 알게 되었습니다. 배운 방법으로 대화를 시도하니 놀랍게도 친구가 반응해 주었습니다. 신이 나서 더 많은 질문을 했습니다. 제가 원하는 길에 갈 수 있는 방법을 물었고 친구는 대답했습니다. 제가 하는 방법이나 생각이 마음에 안 들면 친구는 화를 내거나 불안해했습니다. 그러면 친구가 무엇을 원하는지 다시 물었습니다.

우린 그렇게 서로의 이야기를 들어줄 수 있었습니다. 그 친구는 내게 요구했고 저는 그 친구가 원하는 것들에 귀 기울이고 행동했습니다. 앞으로 일어나는 모든 것들에 대해 그 친구와 대화할 것이고 문제가 생기면 그 친구에게 물을 것입니다. 그 친구가 알려주는 것에 귀 기울여 행동할 것입니다.

그 친구의 이름은 바로 '진짜 나' 입니다. 저의 '진짜 친구' 입니다. 누구나 자신 안에 '진짜 친구' 를 갖고 있습니다. 이 아이의 이름은 '지지하는 아이' 입니다.

여러분의 이해를 돕기 위해 지지하는 아이와 제가 나누는 대화를 소개합니다.

나: 아이고 힘들어라. 마무리가 쉽지 않아 어쩌지 고민이네.

지지하는 아이: 그동안 재밌게 잘 쓰는 거 같더니 뭐가 좀 잘 안 되나

보네?

나: 어, 요것만 쓰면 끝낼 수 있는데 이론적인 부분을 쓰려니 잘 안 되네.

지지하는 아이: 이론? 어떤 이론을 말하는 건데?

나: 사람들이 나처럼 셀프코칭을 할 수 있도록 도와주고 싶은데 어떻게 해야 할지 막막해. 코칭에 대해서 설명하려니 책을 또 읽으면서 이론을 정리해야 해야 싶어서 말이야.

지지하는 아이: 이론을 설명하려는 이유가 몬데?

나: 일단 코칭에 대한 이론을 알면 코칭을 이해하는데 도움이 되지 않을까 싶어서. 사람들이 코칭이라는 단어를 많이 듣긴 하지만 잘못 이해하고 있는 것 같아서 말이야.

지지하는 아이: 음……. 사람들이 코칭을 이해하게 되면 어떤 도움을 받을 수 있는데?

나: 코칭대화를 자신에게 활용할 수 있지. 셀프코칭 말이야. 전문코치의 도움을 받지 않아도 셀프코칭을 통해 자신이 스스로 문제를 해결할 수 있으니까.

지지하는 아이: 스스로 문제를 해결하도록 돕고 싶은 거구나?

나: 그래그래.

지지하는 아이: 너는 셀프코칭을 통해 어떤 문제를 해결할 수 있었어?

나: 나? 내가 원하는 일을 하게 되었잖아. 강사도 되고 이렇게 글도 쓰잖아.

지지하는 아이: 어떻게 그게 가능했어?

나: 음……. 질문하는 방법을 알게 되었기 때문이지. 우리 안에서 끊임

없이 질문을 하고 있다는 걸 인식했고……. 그 질문의 방법이 잘못됐었다는 걸 알게 되었지.

지지하는 아이: 그렇구나.……. 잘못된 방법이 뭐였어?

나: 어……. 예를 들면 난 어떤 문제가 생기면 왜 안 되지? 뭐가 잘못된 거지? 사람들이 뭐라고 욕할까? 도대체 왜 그렇게 밖에 못한 거지? 이러면서 결국은 나의 잘못을 탓했던 거 같아. 그러니까 더 힘이 빠지고……. 사람들은 별말 안 하는데 나 혼자 더 의기소침해 하고 그러니까 점점 더 자신감이 떨어지고……. 이 과정을 반복했던 거 같아.

지지하는 아이: 그랬었구나.……. 그런데 코칭을 배우고 나서는 어떻게 달라졌어?

나: '당신이 진짜 원하는 게 뭐죠?' 이렇게 물어보는데 충격적이었어. 그 질문이.

지지하는 아이: 그게 충격적이었던 이유가 뭐였어?

나: 음……. 늘 문제에만 집중하고 원인만 분석하곤 했었는데. 그 질문 하나로 문제에서 벗어나게 되었어. 머릿속이 개운해졌어. 그런데 처음엔 내가 진짜 원하는 게 뭔지 모른다는 거였어. 내가 원하는 것을 내가 모르다니 그게 더 충격이었다고 해야겠네.

지지하는 아이: 질문의 관점이 달라졌다는 것처럼 들리는데. 과거에서 미래로?

나: 맞아 맞아. 관점이 달라졌어. 늘 원인에만 집중했던 생각이 무엇을 원하는가에 집중하게 되었어.

지지하는 아이: 그랬구나.……. 그래서 내게 말을 걸었고 이루고 싶은

목표가 뭐냐고 물어봤구나?

나: 그래……. 한 번도 너의 말에 귀 기울이지 못했어.

지지하는 아이: 그랬었구나.……. 그래서 내 말에 귀를 기울이게 되었구나.

나: 그렇지……. 이젠 들을 준비가 늘 되어 있지.

지지하는 아이: 그럼 네가 고민하고 있는 부분에 대해서 내가 원하는 것을 말해줄까?

나: 고민? 내 고민?

지지하는 아이: 그래. 아까 처음 내게 했던 말 마무리하는 게 고민이라며. 코칭을 알려주고 싶은데 이론을 정리해야 하나 고민이라고.

나: 아하, 그걸 잊고 있었네. 맞아.

지지하는 아이: 넌 코칭이 좋다는 거 어떻게 알았어?

나: 수업시간에 해봤으니까 알았지. 그리고 그걸 가지고 계속 내게 적용해 봤으니까. 다른 사람과 대화하는 것도 좋지만 셀프코칭하는 게 더 재밌었던 거 같은데?

지지하는 아이: 만약에 이론을 먼저 알게 되었다면 어땠을 거 같아?

나: 이론? 내가 별로 안 좋아하는 거지. 재미없었을 거야. 실제 사례가 나오는 거면 몰라도.

지지하는 아이: 다른 사람들은 어떨 거 같아? 코칭을 모르는 사람들은?

나: 나랑 비슷하지 않을까? 이미 많은 책들이 나와 있고.

지지하는 아이: 바로 그거야. 이론을 굳이 쓰면 뭐하냐고. 너도 힘들고

나도 힘들어.

나: 히히. 힘든 거 노력하는 거 별로 안 좋아하는데 우리 그치?

지지하는 아이: 네가 코칭을 처음 배웠을 때 왜 좋았다고?

나: 실제 경험했기 때문에.

지지하는 아이: 그럼 사람들에게 그 경험을 하게 해줘야하지 않을까?

나: 어떻게? 직접 만나는 것도 아닌데. 이건 교육이 아니라 책이라고.

지지하는 아이: 방법이야 있지.

나: 뭔데?

지지하는 아이: 너랑 나랑 하는 거 그대로 써.

나: 뭘? 지금 이렇게 말하고 있는 걸?

지지하는 아이: 그래. 머리도 안 쓰고 노력도 안 하고 얼마나 좋아. 자연스럽잖아. 재밌잖아.

나: 음⋯⋯. 무지 용기가 필요한 일인데⋯⋯.

지지하는 아이: 용기는 시작할 때 필요한 거고 즐기면 되지. 어차피 책 주제가 쉽고 재밌게 원하는 일을 시작하자 이거 아냐?

나: 그러니까⋯⋯.

지지하는 아이: 네가 이 방법을 실행했을 때 넌 어떤 사람이야?

나: 나? 도전하는 사람이 되는 거지.

지지하는 아이: 그럼 시도해봐. 중요한 건 경험하는 거야.

나: 알겠어. 널 믿으니까.

지지하는 아이: 좋아. 그럼 셀프코칭을 제대로 하기 위해 가장 중요한 것은 뭐라고 생각해?

나: 진짜 원하는 것이 무엇인지를 아는 거지. 바로 목표정하기

지지하는 아이: 그리고 또?

나: 코칭대화 순서에 따라 직접 써보는 것.

지지하는 아이: 그럼 대화모델을 알려주면 되겠네. 그 외에 또 뭐가 중요해?

나: 사실 ……. 질문이지. 대화모델이야 이미 구조화된 것이니까 그대로 따라하면 되지만 평상시 자신에게 질문하는 방법을 바꿔야 해. 넌 어떤 질문을 받을 때 좋았어?

지지하는 아이: 긍정적으로 물어봐 주면 더 좋지. 예를 들면 네가 나에게 '해봤는데 왜 안 돼? 뭐가 문제야?' 이렇게 물어보면 기운 빠지거든. '안 됐던 이유가 뭐였을까? 어떻게 하면 가능하게 할 수 있을까?' 이렇게 물어봐주면 나도 막 기운이 나서 답을 찾으려고 노력할 거야.

나: 긍정적인 언어를 사용해서 질문해 달라 이거네? 또?

지지하는 아이: '왜 안 돼? 뭐가 문젠데? 이것 보다는 어떻게 되는 걸 원해? 진짜 내가 원하는 상황이 뭘까?' 이렇게 물어보면 난 너를 네가 원하는 미래로 보내줄 거야. 그럼 넌 원하는 것을 상상하잖아. 그럼 기분도 좋아지고 그렇게 할 수 있는 방법을 연구해내겠지?

나: 아하, 어떻게 그것을 가능하게 할까 보다 더 먼저 해야 하는 질문이네. 내가 진짜로 원하는 상황 또는 목표가 무엇일까 이렇게? 그러면 방법을 찾겠다는 거네.

지지하는 아이: 바로 그거야. 그래서 코칭대화모델 시작이 이루고 싶은 목표는 무엇입니까? 이렇게 물어보잖아. 그걸 먼저 고민해야 하는

거지

나: 음……. 이해됐어.

지지하는 아이: '좋아? 싫어?' 이렇게 말고 '넌 어떻게 생각해?' 이렇게 물어봐주면 다양한 생각들을 할 수 있고 말할 수 있어서 좋겠지? 싫어하는 일을 해야 할 때도 있잖아. 그럴 땐 어떻게 하면 잘해낼 수 있을까? 또는 재밌게 할 수 있을까? 이렇게 물어보면 새로운 방법들을 생각해 낼 수 있잖아.

나: 음……. 그러네. 또 있어?

지지하는 아이: 이정도면 뭐. 그리고 더 궁금하면?

나: 코칭을 직접 배우는 거지.

지지하는 아이: 맞아. 호기심이 생기면 배우고 싶어 할 거야. 그러면 네가 원하는 것들을 또 할 수 있겠지?

나: 맞아. 정리해 볼게. 가장 먼저 구조화된 코칭대화 순서에 따라 질문해 보고 대답해본다. 그러면 셀프코칭을 시작하게 되는 거네. 그리고 나랑 너랑 얘기하는 것처럼 자연스럽게 진행하면 되니깐. 중요한 건 이렇게 대화를 진행할 때 긍정적인 언어를 사용해서 물어봐주면 해답을 찾는데 더 신이 나고 좋다는 거. 결국 긍정적인 언어를 사용하는 게 핵심이네.

지지하는 아이: 그럼 그럼. 너도 내가 너에게 비난할 때보다 칭찬하고 격려할 때 더 잘해내잖아.

나: 좋아. 고마워. 이제 고민이 해결되었어. 기분도 좋아.

지지하는 아이: 우린 어떤 사람이라고?

지지하는 아이, 나: 쉽고 재밌게 도전하는 사람!

위의 사례를 읽고 어떤 생각과 기분이 드나요?

조금 유치하기도 하지만 이렇게 자신안의 진짜 나와 대화하기 시작하면 즐겁고 신이 납니다. 혼자 있어도 외롭지 않습니다. 그리고 그 아이는 힘들고 어려울 때 늘 저를 격려하고 지지합니다.

여러분도 자신안의 '진짜 나'와 대화해 보세요.

아래의 코칭대화 순서에 따라 질문하고 대답하는 과정을 반복하면 됩니다. 기본 구조이니 꼭 순서에 따라 하셔야 합니다. 그리고 실행한 후에는 점검하는 시간을 꼭 갖으시길 바랍니다.

실행이 안 됐다면 그 이유도 꼭 점검해 보세요. 목표의 주인공은 자신입니다. 목표가 주인공이 아닙니다. 바로바로 바꾸시면 됩니다.

시작하기 코칭대화 순서

- 목표정하기: 이루고 싶은 목표는 무엇입니까? 또는 원하는 상태는 무엇입니까?

- 장애물 찾기: 그것을 이루는데 현실적인 어려움은 무엇입니까?

- 대안 찾기: 그럼에도 불구하고 그 목표를 이룰 수 있는 구체적인 방법 3가지가 있다면 무엇입니까?

- 선택하기: 3가지 중에서 가장 쉽고 재미있게 시도해볼 수 있는 방법은 무엇입니까?

- 시간정하기: (이번 한 주) 언제부터 그것을 실행해 보겠습니까?

- 도움받기: 그것을 실행하는데 필요한 도움이 있다면 누구의 어떤 도움입니까?

- 점검하기: 실행한 것을 (1주일 후) 언제 점검해보겠습니까?

- 칭찬하기: 잘 실행한 자신에게 어떻게 칭찬해 주겠습니까?

위의 질문에 글로 적으면서 여러분이 원하는 것을 확인하고 실행계획을 세워 1주일 씩 실천해보세요. 그리고 1주일 후에는 아래의 질문에 따라 자신을 점검하고 다시 계획을 세워 실천해 보세요.

점검하기 코칭대화 순서

- **교훈 찾기**: 지난 한 주 실행한 것을 통해 얻은 교훈은

    무엇입니까?

- **목표정하기**: 그 교훈을 통해 다시 시도해 보고 싶은 목표는

    무엇입니까?

- **장애물 찾기**: 그것을 이루는데 현실적인 어려움은

    무엇입니까?

- **대안 찾기**: 그럼에도 불구하고 그 목표를 이룰 수 있는

    구체적인 방법 3가지가 있다면 무엇입니까?

- **선택하기**: 3가지 중에서 가장 쉽고 재미있게 시도해볼 수 있는

    방법은 무엇입니까?

- **시간정하기**: (이번 한 주) 언제부터 그것을 실행해 보겠습니까?

- **도움받기**: 그것을 실행하는데 필요한 도움이 있다면 누구의

    어떤 도움입니까?

- **점검하기**: 실행한 것을 (1주일 후) 언제 점검해보겠습니까?

- **칭찬하기**: 잘 실행한 자신에게 어떻게 칭찬해 주겠습니까?

이렇게 질문하고 대답하는 과정을 되풀이 하면서 작은 목표를 실행하다 보면 성취감을 느낄 수 있습니다. 작은 성공경험이 쌓이면 더욱

용기가 나고 여러분이 원하는 큰 목표를 이룰 수 있을 것입니다.

여러분이 자신이 원하는 일을 찾았다고 해서 그 일이 금방 원하는 만큼 이루어지는 것은 아닙니다. 꿈은 결과가 아닌 과정을 즐기는 작업입니다.

산에 올라 정상에 도착하게 되면 그곳에서의 기쁨도 잠시 우리는 하산을 합니다. 우리는 정상에서 내려오기 위해 산을 오르는 것이 아닙니다. 산을 오르는 과정에서 만나는 사람들, 나무와 풀들의 이야기, 바람과 새소리를 들으며 산에 오르는 그 자체를 즐겨야 합니다.

그러니 원하는 결과가 빨리 안 나온다고 좌절하거나 포기하지 마세요. 여행도 기다리고 준비하는 과정의 설렘과 기대가 더 크지 않습니까?

우리는 과정을 즐기는 것에 습관이 되지 않았습니다. 그러나 지금부터 시작하면 됩니다.

꿈은 그것을 이루고 싶은 간절함에서 출발하지만 꿈을 꽃 피우게 하는 것은 절박함입니다. 그 절박한 순간에 꽃을 피우기 위해 우리는 준비하면서 그 과정을 즐길 뿐입니다.

꽃은 제각각 피는 계절과 시기가 있습니다. 여러분의 꽃이 활짝 피는 그 '때'를 즐겁게 준비하시길 기대합니다.

저는 여러분이 꿈의 꽃을 피우는 과정에서 답답해하고 두려워하고 절박해 할 때 필요한 사람입니다.

여러분과 만날 '때'를 기다리겠습니다.

Epilogue

"꿈은 절박함에서 피는 꽃이다."

시련은 반드시 선물을 들고 온다는 말을 입버릇처럼 내뱉었지만, 내 삶속에서 받아들인다는 것은 참으로 어려운 일이었습니다. 남편의 부도로 대학원 마지막 학기를 휴학해야 했습니다. 침대에 누워 꼼짝 않고 며칠을 생각에 잠겼습니다. 돈을 벌긴 벌어야 하는 상황인데 무엇을 해서 돈을 벌어야할지 몰랐습니다. 학습코칭을 배웠지만 수입을 보장받을 수 없었습니다. 공장에 들어가야 하나, 식당일을 해야 하나 선뜻 결정을 못하고 있었습니다. 무료광고지를 살펴봤습니다. 사무직은 컴퓨터 필수, 40세 미만이었습니다. 그나마 주유소는 45세까지 가능하다고 했습니다. 인터넷을 뒤져보니 학습코치를 뽑는 곳은 한 군데도 없었습니다. 간간히 코치를 뽑는 곳이 있었는데 과목을 가르치는 학원들이었습니다. 마흔이 넘은 나이는 이력서를 낼 곳이 없었습니다. 어떻게 하고 싶냐고 나 자신에게 물었습니다. 성인강의를 하고 싶다는 마음이 들어왔습니다. 그 상상을 하는 순간 가슴이 벌렁거렸습니다. 어른들 앞에서 강의를 한다는 건 제게 두려운 일이었습니다. 그렇게 이도저도 못하고 꼼짝없이 침대에 누워 답 없는 생각들만 하고 있었습니다. 그러다 문득 10년 전의 내 모습이 지금과 별반 다를 게 없었음을 알았습니다. 그 때도 이렇게 힘들었는데 10년이 지난 지금도 힘들어 하는 내가 정말 초라했습니다. 그리고 10년 후에도 이런 상황에 처하게 되면 어떡하나 두려워졌습니다. 급기야 일을 이 지경으로 만든 남편이 원망스러웠습니다. 너무도 답답했습니다. 숨이 막혔습니다.

그러다 어떤 음악을 한 곡 만났습니다. 그 노래를 듣는 순간 34살의 젊은 제 모습이 선명하게 떠올랐습니다.

칠흑같이 어두운 밤, 팔당 호수에 앉아 있는 나. 혼자 있는 무서움조차도 느끼지 못하고 가만히 강물을 바라보고 우두커니 앉아 있는 제가 거기에 있었습니다.

가만히 그 옆에 앉았습니다. 10년이 지난 지금 아무것도 변한 것이 없다고, 그때나 지금이나 상황이 똑같다고 말했습니다.

34살의 내가 말했습니다.

"뭐가 똑같다는 거지? 지금의 나보다 넌 훨씬 근사해졌잖아. 코치도 되었고 대학원도 졸업을 앞두고 있는데 뭐가 똑같다는 거지? 하고 싶은 일을 찾았는데 뭐가 문제야? 두려움? 두려움은 네게 선물을 주려고 온 거잖아. 그래서 계속 준비해왔잖아. 34살 이때도 넌 피했어. 두려움 뒤에 온 선물을 풀어보지 않았지. 또 미루면 50대의 너는 어떨 거 같아? 그 때 다시 지금처럼 힘든 상황을 겪고 싶어? 지금 피하면 넌 50대에 더 비참하게 될 거야. 지금보다 더. 네가 원하는 일을 해. 넌 이미 충분해."

두려움에 옴짝달싹 못했던 나는 50대에 지금과 똑같은 상황이 벌어질 수도 있다는 말에 퍼뜩 정신이 들었습니다. 두려웠습니다.

꿈을 이룬 많은 사람들이 벼랑 끝에서 두려움과 맞설 수 있는 용기를 얻었다고 했을 때 믿지 않았습니다. 꿈이란 여유롭고 편안한 가운데 피는 꽃인 줄 알았습니다.

남편의 부도로 인해 꿈을 이루게 돼서 오히려 고맙다고 말씀하신 최윤희 강사님의 이야기가 생각이 났습니다.

'아, 이런 말씀이셨구나. 내게 선물이 왔구나.'

사람들 앞에서 떠는 것이 두려워 미루고 있던 강의를 더 이상 미룰 수 없는 상황으로 몰아간 남편의 부도, 저는 이 선물을 받아들이기로 했습니다.

더 이상 이력서를 낼 곳이 없는 나이, 난 나를 채용하기로 결심했습니다.

코칭 수업을 받았던 기관에 진로코칭강사과정으로 제안서가 통과되었다고 연락받았던 날, 기쁨도 잠시 첫 강의에 대한 두려움과 떨림으로 몇 날 며칠을 떨었던 기억이 납니다. 도저히 혼자 진행할 수 없어 동료코치의 도움으로 첫 강의를 하던 날, 심장이 터지는 줄 알았습니다. 그렇게 전 강사가 되었습니다. 지금도 여전히 강의를 할 때면 가슴이 떨립니다. 그러나 이제는 그 떨림을 즐깁니다. 제가 살아있다는 느낌, 무엇엔가 도전하고 있다는 느낌이 들기 때문입니다.

남편의 부도는 제 삶에 큰 '선물'이었습니다.

하늘이 장차 큰 임무를 내리려 할 때는 반드시 먼저 그 사람의 마음과 뜻을 괴롭게 하고, 그 근육과 뼈를 수고롭게 하며, 그 육체와 창자를 굶주리게 하고, 그 몸에 속한 것을 비워 가난하게 하여, 하는 일마다 어그러지고 어지럽게 한다. 그런 까닭은 그 마음을 분별하게 하고 성정을 참을 수 있게 하여, 할 수 없었던 일까지 할 수 있게 만들기 위함이니라.
- 맹자 -

꿈은……. 절박함에서 피는 꽃이었습니다.

BEST FRiEND 꿈 경영연구소
프로그램 안내

잠시, 쉼표

다시, 꿈

자신만의 브랜드로 1인 기업 만들기

카페주소 : 네이버/ 카페/ 꿈경영연구소 BEST FRiEND 입력

또는 http://cafe.naver.com/coachdream

메일주소 : coach2010@hanmail.net

잠시, 쉼표

1. 목표 : 삶의 방향성 찾기

    1) 어떻게 살 것인가?

    2) 무엇을 하며 살 것인가?

2. 대상

    1) 책을 통해서 답답함이 해소가 되지 않은 분

    2) 자신의 방향성을 확고히 명료히 하고 싶은 분

    3) 자신의 삶을 한 번 쯤 되돌아보고 싶은 분

3. 방법

    1) 3~5인의 소그룹 워크샵

    2) 1:1 개인 워크샵

4. 신청방법: 이메일로 문의 및 신청

coach2010@hanmail.net

다시, 꿈

1. 목표 :

　자신의 한계와 열등감을 극복하는 방법 찾기

2. 대상

　1) 원하는 일을 찾았는데도 불구하고 걱정, 불안, 두려운 분

　2) 자신의 한계 때문에 열등감을 느끼는 분

　3) 자신을 변화시키고 성장하고자 하는 분

3. 방법

　1) 3~5인의 소그룹 워크샵

　2) 1:1 개인 워크샵

4. 신청방법 : 이메일로 문의 및 신청

　　　　coach2010@hanmail.net

자신만의 브랜드로 1인 기업 만들기

1. 목표 :

   핵심고객, 핵심가치, 핵심감정 찾기

2. 대상

   1) 상담사 및 코치, 1인 기업대표

   2) 자신의 일에서 원하는 성과가 나지 않는 분

3. 방법

   1) 1:1 개인 워크샵

4. 신청방법 : 이메일로 문의 및 신청

   coach2010@hanmail.net